U0556067

中国古代车马

王　俊　著

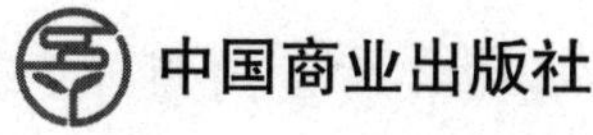

图书在版编目（CIP）数据

中国古代车马 / 王俊著 . -- 北京：中国商业出版社，2022.1

ISBN 978-7-5208-1946-6

Ⅰ . ①中… Ⅱ . ①王… Ⅲ . ①车马器—研究—中国—古代 Ⅳ . ① K875.34

中国版本图书馆 CIP 数据核字（2021）第 241982 号

责任编辑：陈 皓 常 松

中国商业出版社出版发行

010-63180647 www.c-cbook.com

（100053 北京广安门内报国寺 1 号）

新华书店经销

三河市吉祥印务有限公司印刷

*

710 毫米 ×1000 毫米 16 开 15 印张 200 千字

2022 年 1 月第 1 版 2022 年 1 月第 1 次印刷

定价：40.00 元

* * * *

（如有印装质量问题可更换）

《中国传统民俗文化》编委会

序 言

中国是举世闻名的文明古国，在漫长的历史发展过程中，勤劳智慧的中国人创造了丰富多彩、绚丽多姿的文化。这些经过锤炼和沉淀的古代传统文化，凝聚着华夏各族人民的性格、精神和智慧，是中华民族相互认同的标志和纽带，在人类文化的百花园中摇曳生姿，展现着自己独特的风采，对人类文化的多样性发展做出了巨大贡献。中国传统民俗文化内容广博，风格独特，深深地吸引着世界人民的眼光。

正因如此，我们必须按照中央的要求，加强文化建设。2006 年 5 月，时任浙江省委书记的习近平同志就已提出："文化通过传承为社会进步发挥基础作用，文化会促进或制约经济乃至整个社会的发展。"又说，"文化的力量最终可以转化为物质的力量，文化的软实力最终可以转化为经济的硬实力。"(《浙江文化研究工程成果文库总序》) 2013 年他去山东考察时，再次强调：中华民族伟大复兴，需要以中华文化发展繁荣为条件。

正因如此，我们应该对中华民族文化进行广阔、全面的检视。我们应该唤醒我们民族的集体记忆，复兴我们民族的伟大精神，发展和繁荣中华民族的优秀文化，为我们民族在强国之路上阔步前行创设先决条件。实现民族文化的复兴，必须传承中华文化的优秀传统。现代的中国人，特别是年轻人，对传统文化十分感兴趣，蕴含感情。但当下也有人对具体典籍、历史事实不甚了解。比如，中国是书法大国，谈起书法，有些人或许只知道些书法大家如王羲之、柳公权等的名字，知道《兰亭集序》是千古书法珍品，仅此而已。再如，我们都知道中国是闻名于世的瓷器大国，中国的瓷器令西方人叹为观止，中国也因此获得了"瓷器之国"(英语 china 的另一义即为瓷器）的美誉。然而关于瓷器的由来、形制的演变、纹饰的演化、烧制等瓷器文化的内涵，就知之甚少了。中国还是武术大国，然而国人的武术知识，或许更多来源于一部部精彩的武侠影视作品，对于真正的武术文化，我们也难以窥其堂奥。我国还是崇尚玉文化的国度，我们的祖先发现了这种“温润而有光泽的美石”，并赋予了这种冰冷的自然物鲜活的生命力和文化性格，如“君子当温润如玉”，女子应“冰清玉洁”“守身如玉”；“玉有五德”，即“仁”“义”“智”“勇”“洁”；等等。今天，熟悉这些玉文化内涵的国人也为数不多了。

也许正有鉴于此，有忧于此，近年来，已有不少有志之士开始了复兴中国传统文化的努力之路，读经热开始风靡海峡两岸，不少孩童以至成人开始重拾经典，在故纸旧书中品味古人的智慧，发现古文化历久弥新的魅力。电视讲坛里一拨又一拨对古文化的讲述，也吸引着数以万计的人，重新审视古文化的价值。现在放在读者面前的这套“中国传统民俗文化”丛书，也是这一努力的又一体现。我们现在确实应注重研究成果的学术价值和应用价值，充分发挥其认识世界、传承文化、创新理论、资政育人的重要作用。

中国的传统文化内容博大，体系庞杂，该如何下手，如何呈现？这套丛书处理得可谓系统性强，别具匠心。编者分别按物质文化、制度文化、精神文化等方面来分门别类地进行组织编写，例如，在物质文化的层面，就有纺织与印染、中国古代酒具、中国古代农具、中国古代青铜器、中国古代钱币、中国古代木雕、中国古代建筑、中国古代砖瓦、中国古代玉器、中国古代陶器、中国古代漆器、中国古代桥梁等；在精神文化的层面，就有中国古代书法、中国古代绘画、中国古代音乐、中国古代艺术、中国古代篆刻、中国古代家训、中国古代戏曲、中国古代版画等；在制度文化的层面，就有中国古代科举、中国古代官制、中国古代教育、中国古代军队、中国古代法律等。

此外，在历史的发展长河中，中国各行各业还涌现出一大批杰出人物，至今闪耀着夺目的光辉，以启迪后人，示范来者。对此，这套丛书也给予了应有的重视，中国古代名将、中国古代名相、中国古代名帝、中国古代文人、中国古代高僧等，就是这方面的体现。

生活在 21 世纪的我们，或许对古人的生活颇感兴趣，他们的吃穿住用如何，如何过节，如何安排婚丧嫁娶，如何交通出行，孩子如何玩耍等，这些饶有兴趣的内容，这套“中国传统民俗文化”丛书都有所涉猎。如中国古代婚姻、中国古代丧葬、中国古代节日、中国古代民俗、中国古代礼仪、中国古代饮食、中国古代交通、中国古代家具、中国古代玩具等，这些书籍介绍的都是人们颇感兴趣、平时却无从知晓的内容。

在经济生活的层面，这套丛书安排了中国古代农业、中国古代经济、中国古代贸易、中国古代水利、中国古代赋税等内容，足以勾勒出古代人经济生活的主要内容，让今人得以窥见自己祖先的经济生活情状。

在物质遗存方面，这套丛书则选择了中国古镇、中国古代楼阁、中国古代寺庙、中国古代陵墓、中国古塔、中国古代战场、中国古村落、中国古代宫殿、中国古代城墙等内容。相信读罢这些书，喜欢中国古代物质遗存的读者，已经能掌握这一领域的大多数知识了。

除了上述内容外，其实还有很多难以归类却饶有兴趣的内容，如中国古代乞丐这样的社会史内容，也许有助于我们深入了解这些古代社会底层民众的真实生活情状，走出武侠小说家加诸他们身上的虚幻的丐帮色彩，还原他们的本来面目，加深我们对历史真实性的了解。继承和发扬中华民族几千年创造的优秀文化和民族精神是我们责无旁贷的历史责任。

不难看出，单就内容所涵盖的范围广度来说，有物质遗产，有非物质遗产，还有国粹。这套丛书无疑当得起“中国传统文化的百科全书”的美誉。这套丛书还邀约大批相关的专家、教授参与并指导了稿件的编写工作。应当指出的是，这套丛书在写作过程中，既钩稽、爬梳大量古代文化文献典籍，又参照近人与今人的研究成果，将宏观把握与微观考察相结合。在论述、阐释中，既注意重点突出，又着重于论证层次清晰，从多角度、多层面对文化现象与发展加以考察。这套丛书的出版，有助于我们走进古人的世界，了解他们的生活，去回望我们来时的路。学史使人明智，历史的回眸，有助于我们汲取古人的智慧，借历史的明灯，照亮未来的路，为我们中华民族的伟大崛起添砖加瓦。

是为序。

傅璇琮

2014年2月8日

目　录

上篇　车

下篇　马

上篇　车

第一章

追根溯源：车的起源和变迁

第一节　车的诞生

车是陆地上主要由木质构件构成的，有轮子的交通工具。古代的车一般由畜力牵引，供乘坐或运输物品使用。车的历史相当悠久，根据目前掌握的资料显示，世界上最早使用车的是美索不达米亚平原的苏美尔人。在今伊拉克乌尔城出土的公元前4600多年前苏美尔城邦的军旗，那是一块饰板，描绘了乌尔城军队的出征与凯旋。图上有一辆四头驴牵拉的四轮战车，车轮似乎是由木板拼成，没有辐条。公元前2000年前后，俄罗斯南部草原也出现了原始的车辆，考古出土的两轮轻型马车表明，这时车的结构已有了很大改进。这是世界范围内较早使用车的情况。而在遥远的东方，古代中国也早早进入用车的时代。中国的车起源于何时，考古界尚不明确，但是可以确定的是，车的发明必然经过一个漫长的萌发过程。

一、无轮的“橇”

考古学家认为，车的起源与橇有着一定的关系。

橇是平底无轮的木质板状交通工具，用来载人和搬运货物。《史记·夏本纪》中说禹治洪水，“泥行乘橇”。唐代张守节《史记正义》解释说：“橇形如船而短小，两头微起，人曲一脚，泥土擿（zhì）进，用拾泥上之物。今杭州、温州海边有之也。”《汉书·沟洫志》中橇作“毳”（cuì），有“泥行乘毳，山行则梮（jū）”句，唐代颜师古注引孟康曰：“毳形如箕，擿行泥上。”由此可知，橇是一种形似船只或者簸箕的乘具，两端微微翘起，底部较圆，人坐在橇上，伸出一脚，不时弯曲腿部，用脚蹬踏泥土，使橇前进。这种乘具适合在泥路上行走，不能在干地上使用，因此被称为“泥橇”。泥橇的制作工艺比较简易，自问世以来历朝历代都有沿用，至今仍未绝迹。比如，现代海涂养殖业中普遍使用着一种叫“泥马”的工具，其外形类似雪橇，长度达2米，前狭后宽，人们双手扶住泥马的横档，一只脚蹲在泥马上，另一脚不断蹬踏，就可以在海涂和泥滩上滑行，并运载许多东西。泥马就是古代的泥橇，只是形制与泥橇有所不同而已。

雪橇是在冰雪上滑行的交通工具，由两块前端翘起的滑板和板上安装的木架构成，常用来运输货物，也可以载人。雪橇通常由马、狗、鹿等畜力拉动，有时也使用人力或者撑竿滑行。雪橇在北方也叫“爬犁”，在东北三江流域赫哲族聚居区十分流行。赫哲人曾因善于用狗而被称为“使犬部”。赫哲人过去出行喜用狗爬犁，一只爬犁少则套几条狗，多则套几十条狗，其中有一条通晓人意、带领众狗奔跑的“头狗”。在赫哲人的观念里，一条好狗要比一匹好马更有价值。每当冰雪皑皑的冬季，在那莽莽雪原上，赫哲人常常成群结队地乘坐狗爬犁追逐赛跑、射猎野兽，场面紧张而壮观。爬犁的速度很快，每小时可达20公里，有“雪上飞车”的美誉。

雪橇是不是也像泥橇一样在大禹治水时就已存在，目前无法获知。不过，以使用狗拉爬犁而著称的赫哲族确实是一个历史悠久的渔猎民族，并且迄今仍把渔猎作为生产生活的重要一环。渔猎是人类历史上最早出现的生活方式和谋生手段，之后才是畜牧和家畜的驯养，而狗是最早被驯化的家畜之一，比如我国北方地区许多新石器时代遗址和墓葬中都出土过家犬遗骨，时间可以追溯到七八千年前。狗除了用于狩猎、看管门户和羊群，还可以用来拖拉物品。当时人们已经能够制造加工托载物品的简单工具，比如磁山文化遗址中出土有不少石斧、石铲、石锛和石镰等，而裴李岗遗址中发现的扁薄石铲已有圆弧刃，石镰已有锯齿刃，都可以对木材进行加工，至于绳子的搓制也不成问题，当时已有结实耐用的细绳。如果用石器加工木材，并用绳捆编成形，然后套上狗用来拉东西，就形成了原始的“狗拉爬犁”。当然，也可以采用人力拖拉的方式。

橇和车最大的区别就是橇没有轮子，而车有轮子，这就好像冰刀和旱冰鞋的区别一样。若是在橇的底侧安上轮子，那么橇就变成了车。所以有理由认为最早的车可能是由橇演变而来。

二、黄帝作车

车轮是车上最重要的部件，车轮的出现和使用是车子问世的先决条件。车轮是怎么来的呢？《后汉书》中《舆服志》记载：“上古圣人，见转蓬始知为轮。”见飞蓬转动，灵感顿现，便制作了轮。有了轮，就离造车不远了。《舆服志》接着说：“轮行可载，因物知生，复为之舆。舆轮相乘，流连无极，任重致远，天下获其利。后世圣人观于天，视斗周旋，魁方杓（biāo）曲，以携龙、角为帝车，于是乃曲其辀（zhōu），乘牛驾马，登险赴难，周览八极。……自是以来，世加其饰。至奚仲为夏车正，建其斿（liú）旐（zhào），尊卑上下，各有等级。”这段话明确地描述了原始车辆产生、演进和完善的过程，按照我们现在的理解就是：上古的圣人发明了轮子后，接着制造出车厢。拉着车轮和车厢构成的车子四处跑动，载人运物，到达远方，交通运输变得格外便捷，全天下的人都获得益处。后世的圣人观察天象，发现由天枢、天璇、天玑、天权、玉衡、开阳、瑶光七星组成的北斗星时刻转动着，其中斗身（由天枢、天璇、天玑、天权四星组成）呈方形，斗柄（由玉衡、开阳、瑶光三星组成）呈曲状，七星连接东方的苍龙七宿，构成了天帝辇车。后世的圣人由此受到启发，于是把车辕改成曲形，套上牛马，驾驶着车辆，不避艰难险阻，游历四方。自此以后，历代不断地增加车的部件和装饰。到了夏代，车正奚仲为车制作了各种旗帜，使乘车划分出不同的等级，尊卑有别。

那么，发明车子的“圣人”是哪一位呢？古代的典籍多数说是黄帝，比如《古史考》中记载：“黄帝作车，引重致远。”黄帝是传说中远古时代华夏部落联盟的首领。大约在神农氏时代，黄河中上游关中平原一带生活着姜姓和姬姓两大部落，两族之间世代通婚，并渐渐向东迁徙，距今四五千年前出现在华北平原北部西缘，分别发展为由若干亲属部落组成的部落联盟，合称为“诸夏”。当时中原一带生活着另一部落联盟——九黎，该部落酋长蚩尤及其 81 个兄弟都凶悍异常。诸夏和九黎两部落经常发生冲突。后来，姬姓诸部酋长黄帝和姜姓诸部酋长炎帝联合起来，在涿鹿（今河北涿鹿东南）和九黎展开大战。蚩尤抵挡不过，就释放了滚滚大雾，想使炎黄联军晕头转向。没想到黄帝造出了指南车，破除了蚩尤的法术。炎黄大军最终打败九黎军队，将蚩尤斩杀于“凶黎之谷”。不久，炎帝想要称霸中原，和黄帝在阪泉（今河北涿鹿境内）进行决战，结果兵败，黄帝被“诸侯”奉为“天子”。黄帝在位时有许多重大的发明创造，为华夏文明的产生和发展做出了重大贡献，他也由此被尊为中华民族的共同祖先。

在黄帝的众多发明中，车是十分重要的一项，因此黄帝被称为“轩辕氏”。《汉书·古今人表》颜师古注引张晏曰：“（黄帝）作轩冕之服，故谓之轩辕。”轩，是车子的通称，特指一种有围棚或帷幕的车；辕，指的是车辕。轩、辕连用，又指车辀，即曲而上弯的车辕。在黄帝时代，社会发展迅速，人们活动的范围空前扩大，各地之间的交流往来也更为密切，正是在这种情况下，车子应运而生。

《古史考》中说黄帝之后，“少昊时略加牛，禹时奚仲加马”。认为黄帝发明了车子，但到了少昊时“略加牛”，开始以牛为畜力牵引，而以马为畜力牵引则是在夏朝时。奚仲是黄帝曾孙帝喾的后代，在夏朝担任车正的职位，他最早开始使用马拉车，所以奚仲制造的车子应当是马车。大概车子刚出现的时候，主要是用人力推挽，牛马驯服之后，变人力为畜力。所以才有黄帝造车，以后的“少昊略加牛，奚仲加马”之说。

车辆制造工艺是十分复杂的，商代以前的车辆迄今没有考古发现。但是，我们不能就因此认为文献记载中关于黄帝作车等记述是不可信的，事实上，在传说中的三皇五帝时期，造车的社会条件已经具备。

三、驾牛服马

我国古代的车辆主要是牛车和马车，它们都是陆地上重要的交通工具。追溯牛车和马车的起源，要从家牛和家马的饲养说起。

家牛是从原牛驯化而来的。大概在新石器时代，人类就开始有意识地驯化牛。在我国，家牛的饲养历史至少可以追溯到六千年以前。浙江省余姚河姆渡、浙江省嘉兴马家浜、山东省大汶口等考古遗址中发现了大量家牛骸骨，说明当时家牛的饲养在我国南北地区十分繁盛。牛车是家牛和车相结合的产物，家牛饲养业的发达，为牛车的开发利用提供了条件，但未必会产生牛车。从现有的考古资料来看，我国新石器时代广泛饲养的家牛，其作用只局限于农田耕作方面，尚未发现其拉车的迹象。牛车的利用线索现在只能根据文献记载，最早不晚于夏朝。

《世本·作篇》中有“亥作服牛”，亥即王亥。基于这一记载，有些史学家认为王亥是牛车的始创人。王亥是商国的第七任首领，生活在夏朝初年，或者可以据此认定，夏朝初年牛车已经得到某种程度的利用。夏朝初年的牛车，除了应用于农业生产，也有可能用来远距离地运输货物。而惯于用牛车引重致远的人，大概主要是夏朝初年的商族。从商族的生活环境来看，用来牵引车辆的主要是中原或北方地区常见的黄牛。

家马的饲养时间要远远晚于家牛。我国古代家马饲养术根据考古遗址出土的马骨情况来看，有可能在新石器时代就已经出现。马车是家马牵拉的车子，是家马的饲养水平达到相当高的程度时才会发生的事。鉴于考古界对新石器时代遗址发现的马骨尚有争议，且迄今没有见到任何新石器时代的木车实物，所以仅从现有的考古发掘资料来看，我国古代马车发源于新石器时代的迹象并不明显。根据文献资料，马车的起源应当不晚于夏朝。《世本·作篇》中有“相土作乘马”的记载，相土是商国的第三任首领，生活在夏朝初年。这一记载说明，在夏朝初期，除了奚仲所在的薛国制造和使用马车外，商国也在制造和使用马车。

当然，文献传说展现的夏朝时期的马车、牛车的制造及使用情况，目前还缺乏形象资料。而在已经出土的夏王朝文化遗址中，也没有发现任何马车、牛车的实物遗迹，所以夏朝的马车、牛车的形制和结构等情况，有待今后的考古新发现来揭示和阐明。

第二节 车的演变

一、商周时期——单辕双轮车的天下

商代时车辆的使用已经比较普遍，车辆不仅应用于运输、战争，还用于田猎、游乐等，这在甲骨卜辞、古代典籍和考古资料中都能看到。

商代的车辆制造技术已有了很大提高，车子的种类主要是牛车、马车。商代牛车的利用是比较广泛的，作为一种重要的交通运输工具，主要在农事活动和商品交易中发挥着重要作用。商代牛车的形制在文献中并没有明确记载，而且考古发掘也没有看到实物遗迹，所以对其结构特点的揭示尚有待时日。考古出土的商代马车数量目前已有数十辆之多，其中河南省安阳殷墟等地发掘的商代晚期马车是迄今所见中国古代最早的马车实物。结合出土实物和甲骨文、金文中“车”字的形体可知，商代的马车属于单辕双轮车，主要由衡、辀、舆、轮、轴等几部分构成。衡一般为长圆棒或直衡，也有两端上翘的曲衡。辀即辕，长 2.6~2.9 米，头端通常向上弯曲。车舆宽大，为横长方形，舆门开在后面。车轮径一般为 1.2~1.5 米，轨距为 2.1 ~2.4 米，辐条多数为 18 根。车轴大约长 3 米。商代的马车多数用 2 匹马牵引，根据使用场合的不同，分为战车和乘车。商代的马车是一种高贵的交通工具，是身份和权力的象征，只有王公贵族才能使用，普通百姓除了驾车者以外，是没有能力也没有资格乘坐马车的。

周代的车辆在商代车辆的基础上朝着逐渐完善的方向发展，不仅车的生产规模扩大了，种类也逐渐增多，而且使用范围越来越广。根据文献资料提供的线索来看，牛车是西周民间百姓普遍使用的交通工具，用来载物和载人。由于牛车的主要作用是载物，且体形比马车要大，所以人们称其为大车。《周礼·春官·巾车》中写道："士乘栈车，庶人乘役车。"栈车是士人乘坐的车子，由竹木制成，不覆饰皮革；役车供庶人乘坐，是一种与劳役运货有关的车子。在礼制观念严明、以乘用马车区分身份等级的西周时代，士人和庶人乘用的栈车和役车，当是以牛牵拉的车。西周马车的形式基本上承袭了商制。考古遗址发掘的多辆西周马车实物，向我们展示了西周马车的风貌。通过对出土物进行观察，可以确定西周马车和商代马车一样为独辀车，辀的长度约 3 米，形态与商车辀相近。西周马车的衡有直衡和曲衡两种，以曲衡为主。曲衡又可以分为长衡、短衡，其中长衡系驾四马，短衡系驾两马。长衡为西周新发展的衡制，同商代马车的衡有着明显的区别。西周马车的车舆与商代马车的车舆形态相近，舆门亦后开。西周马车双轮也和商车轮存在许多共性，轮径为 1.25 ~1.45 米，辐条数目 18~28 根不等，但以 18~22 根者居多，车轨距为 1.84 ~2.44 米，轴长 2.2~3.2 米。西周马车的零部件和装饰与商代相比更为完备，也更加坚固耐用，如铜銮、铜钉、车镤等都是商车所没有的。

二、春秋战国时期——双辕车诞生

春秋战国是我国历史上最辉煌的时期之一，是一个集大成、承前启后的变革时代。这一时期，政治军事制度、社会生产关系、思想科技文化都发生了巨大变化，交通领域也取得了重大突破，车辆在形制设计和加工技术方面获得了极大发展，出现了双辕牛车和双辕马车，推动了人类文明的进程。

双辕牛车是一种无辐双轮牛车。此类型的牛车在考古遗址中已有出土的实物。陕西省凤翔八旗屯东周秦国墓地发掘的两件双辕牛车明器模型，向我们展示了当时牛车的形制。这两件明器模型均由陶、木制成，拉车的两头牛和车轮都是陶质，出土时形体完好；车辕、车轴、车厢等部分都是木质，出土时早已腐朽，不过车子痕迹尚且可辨。车子主体形制是双直辕、无辐双轮，由一头牛驾驶。车子模型是对牛车实物的真实写照，它们的出土不仅说明战国早期盛行用牛车模型随葬，而且反映出牛车实物的随葬和双辕牛车的应用很可能在春秋时期就已存在，我国双辕车子的起源或可追溯到春秋时期。春秋战国的双辕无辐实心双轮牛车是一种新兴的车种，在它诞生和应用之初，应该经历了同传统独辀有辐双轮牛车共存的阶段。随着社会的发展进步，双辕牛车的制作更加精良，技艺更加成熟，最终传统独辀牛车被淘汰。双辕牛车不断发展的同时，对同一时期双辕马车的出现和发展也产生了重要影响，并为秦汉以后双辕车的兴起和普及奠定了基础。

春秋战国时期的马车主要是传统的独辀马车和新型的双辕马车。传统的独辀马车，是从夏商周三代的独辀立乘马车发展而来。通过考古发掘的多辆马车实物遗迹，可知这一时期的独辀马车形制类似西周马车，是一种横长方形车舆、后开门、双轮、两马牵拉的马车形式，辀长约 3 米，轮径约 1.2 米，轮辐 25~26 根，轨距 1.6 ~2 米，轴长约 2.2 米。与西周马车不同的是，它的车舆较小、轮径较小、辐数增多、轨距较小、车轴较短。而由河南省辉县琉璃阁等地出土的马车实物遗迹来看，战国时期的独辀马车辀长约 2 米，轮径约 1.4 米，轮辐一般为 26 根，轨距 1.8 ~2 米，轴长约 2.4 米，相比春秋时期的马车，它的轮径较大、辀长缩短。春秋战国时期的独辀马车，在战争中应用广泛。据史料记述，它在行军时用来运输粮草或军械，在驻军时用来结营扎寨，在作战时则用来进攻敌人阵地。

双辕马车是一种新兴的马车形式，目前主要见于图像资料，出土的实物较少。据图像资料提供的信息来看，双辕马车出现的时间最早可以上溯到战国时期。就当前掌握的情况而言，双辕马车极有可能是在双辕牛车的影响下产生的。战国铜器和漆奁上雕刻的双辕马车图像显示，战国时期的双辕马车形制结构已经相当完善，车子为双轮双曲辕，由一马驾驶；车厢为长方形，广度窄，进深长；车门前开；车内左右两侧和后壁均可倚靠；轮辐一般为11根，轨距较窄；车厢中部立有伞盖；车上可坐乘2~3人。而根据考古遗址出土的战国双辕马车实物遗迹，可知战国时期的双辕马车形制结构大致与后来汉代的安车相类似，可以说它是最早的、可以安坐乘用的“安车”。这种“安车”的诞生，显然是对传统马车形式的大发展和大突破，同时也是对传统乘车习惯（即立乘）的一个重要改良，而且它对秦汉以后我国古代马车形制的发展有着深刻的影响。

值得一提的是，春秋战国时期还出现了驴车、羊车等。《楚辞·九怀·株昭》中有“骥垂两耳兮，中坂蹉跎。蹇驴服驾兮，无用日多”之句，说明楚国诗人屈原曾见过蹇驴驾车行驶的情形，很可能驴车在当时的楚国和其他诸侯国比较流行，是民间常用的一种交通工具。驴车的形制结构由于缺乏文献和考古佐证，无法对其详细描述，也许它和当时的双辕牛车形制类似。《周礼·冬宫·考工记》（以下简称《考工记》）中《车人》对羊车做了简单介绍：“羊车二柯有参分柯之一，柏车二柯。”汉郑玄注曰：“羊，善也。善车，若今定张车。”唐贾公彦疏：“……未知定张车何所用，但知在宫内所用，故差小为之，谓之羊车也。”这是对羊车的两种解释。从后世有用羊拉车的实例来看，《考工记》中记载的羊车有可能就是用羊来牵引的车子。拉车的羊无疑是山羊，山羊的饲养在春秋战国是相当常见的。羊车当是一般百姓使用的简易交通工具，关于其形制结构，亦因缺乏实物和资料印证而无法详细说明。

知识链接

《考工记》与车的制作

《考工记》是战国时期问世的科学技术著作，是我国已知最早的一部手工艺技术专著。它详细介绍了当时手工业工匠的生产技术或技艺，其中有关车子制作的工艺是十分重要的内容，在全书占了很大比重。《考工记》中关于“轮人”“舆人”“輈人”和“车人”的叙述，再现了春秋战国时期木制马车的设计制作规范和技术水准。“轮人”，即制作车轮的工匠。“轮人为轮”节详细论述了车轮的实用性，对毂、辐、牙三个部件的形制、结构和工艺技术要求做出了规定，“轮人为盖”节明确了车盖的形制、结构和工艺技术要求。“舆人”，即造车的工人。“舆人为车”节系统阐述了车厢的形制、结构和制作技术规范。“輈人”，指造輈的工匠。“輈人为輈”节介绍了輈的形制特点和制作要求。“车人”，指制造车子的木工。“车人为车”节主要说明了羊车、牛车的形制和制作要求。《考工记》中关于马车形制结构与制作技术的描述，为后人了解和研究春秋战国时期马车的真实面貌提供了参考。

三、秦汉时期——双辕车的兴起与普及

秦汉时期的畜力车仍然以牛车和马车为主。

秦汉时期的牛车，从总体形制来看，都是沿袭春秋战国的双辕双轮大车形式。秦代因统治年代太过短暂，文献记录和考古资料鲜少涉及牛车的情况，所以本篇不再对秦代牛车进行过多探讨，重点来介绍汉代的牛车。

汉代时，牛车依然是民间的主要交通运载工具。由于国家车舆制度规定“贾人不得乘马车”，所以牛车就成了商人出行和贩货必不可少的交通工具。文献记载，当时有不少富商大贾拥有的牛车可达成百上千辆。在

交通工具的等级上，牛车的地位远远不如马车，一是因为我国古代实行重农轻商的政策，二是因为牛、马在奔跑能力上存有显著差距。《史记》提到西汉初年“将相或乘牛车”，这主要是因为当时天下刚刚平定，长期的战争使马匹大量减少，社会经济正处于恢复振兴阶段，为了发展经济，保证战争用马，不得不暂时乘用牛车。但这并不意味着牛车的地位得到了提升，牛车依然是低等级的用车。《后汉书》记载，东汉章帝时期，巨鹿太守谢夷吾因为乘坐牛车出行，被视为“仪序失中，有损国典”，最后受到降级的处分。牛车真正提高“身价”，是在东汉末年。《晋书·舆服志》载：“古之贵者不乘牛车，汉武帝推恩之末，诸侯寡弱，贫者至乘牛车，其后稍见贵之。自灵、献以来，天子至士遂以为常乘。”

汉代牛车的形制结构，可以通过考古出土的文物来辨明。目前考古发掘尚未发现牛车的实物遗迹，不过画像石上有不少牛车图像，此外还出土了许多牛车模型，根据它们，我们可以对汉代的牛车形态有一个大致了解。甘肃省武威雷台汉墓出土一件铜牛车模型，牛车形制为双辕，双辕前段置轭，轭中套驾一牛，车轮较小，车厢为长方形，除了前面没有栏板，左右两侧和后面均设边栏，车上有一驾车奴执棒御车。汉代的这种牛车，采用的是直辕形式，因此通常支点较低，在平地上行驶时比较安稳，又因为辕直，制作的时候可以选择较粗大的木材直接进行加工，这样就增加了车辕的坚固性和承重力。

秦汉时期的马车有两种形式：独辀马车和双辕马车。独辀马车主要流行于秦代，汉代时走向衰落；双辕马车在秦代开始流行，到汉代时成为主要的车子形式。

秦代的双辕马车主要用于生产生活；独辀马车主要用于军事，并呈现出向生活化渗透或融合的趋势。秦代的双辕马车有着不同的类别，据史籍记述主要是辒辌车。

秦代的辒辌车大概有两种形制，一种是双辕带车盖、车厢和帷幔的车子，这种车由一马牵引，是中下层官员和普通百姓的用车，主要用途是载人和运货；另一种是独辀辒辌车，由四马驾驶，是皇室贵族的专用车，其形制就是秦始皇陵发现的独辀“安车”。辒辌车常用作丧车。《史记·秦始皇本纪》载：“始皇崩于沙丘平台。丞相斯为上崩在外，恐诸公子及天下有变，乃秘之，不发丧。棺载辒辌车中，故幸宦者参乘，所至上食。百官奏事如故，宦者辄从辒辌车中可其奏事。……会暑，上辒车臭，乃诏从官令车载一石鲍鱼，以乱其臭。行从直道至咸阳，发丧。”大意是讲秦始皇外出巡游时发病而死，丞相李斯怕此事传出引起动荡，遂把皇帝死讯隐瞒下来。他把秦始皇尸首放在辒辌车里，并进行了相关处理，直到回了咸阳才正式发丧。这种用辒辌车载尸的行为，无意间使辒辌车充当了丧车，此后上行下效，用辒辌车发丧渐渐在民间流行开来，成为一种风俗。

独辀马车按照使用场合的不同，分为战车和生活用车两类。秦代的战车遗迹见于秦始皇陵兵马俑坑。根据兵马俑坑出土的木车实物遗迹分析，秦代的战车属于独辀两轮车，车子由四马牵引，车厢为方形或长方形，车上无伞盖或有很高的圆伞盖。秦代的生活用车，平民百姓使用的主要是双辕车，皇室和贵族使用的是独辀高级“安车”。这种“安车”的形制特点，在秦始皇陵出土的铜车马资料中有着清晰显示。1980年，秦始皇陵封土西侧的车马坑中出土了两件彩绘铜车马模型，分别命名为一号铜车马和二号铜车马，它们都是按照秦代真车马的二分之一比例缩小制作的。其中二号铜

秦始皇陵兵马俑馆二号铜车马

车马为“安车”，其模型已经修复复原。复原后的铜车马模型，形制结构和系驾方法均与真车马无二。二号铜车马展现出的马车形制特征是：独辀有辐双轮，“凸”字形车厢，椭圆形车盖，由四马牵拉。其中独辀有辐双轮和四马牵拉的特征与先秦马车一致，而“凸”字形车厢和椭圆形车盖则是秦代马车的独创。此外，秦代马车的辀长比先秦马车长许多，车厢进深也远远超出先秦马车，而其他部件的尺寸则和先秦马车雷同。

汉代的马车发展经历了三个时期：西汉前期是独辀车与双辕车并存，西汉中晚期双辕车开始逐渐普及，东汉以后双辕车基本上取代了独辀车。

西汉前期，沿袭秦代传统，四马驾驭的独辀双轮战车仍然应用于战场，但后来随着骑兵的大量出现，战车的作用大大削弱，并逐渐被淘汰出战场。四马独辀安车亦沿用秦代形制，但由于当时经济萧条，马匹短缺，在平时的生活中“自天子不能具醇驷，而将相或乘牛车”。此处“醇驷”就是秦代使用的大型四马独辀安车。汉代初年，为表节俭之心，王侯将相以至皇帝都不乘坐“醇驷”出行，但这并不意味着他们不乘坐马车。据有关文献记载，当时的王侯将相大多是乘坐一马驾驭的双辕安车出行的。四马独辀安车在社会上应用机会极少，于是便逐渐被双辕安车取代。

汉代双辕马车因乘坐者的地位高低和用途不同，可细分为若干种类。最高级的马车是皇帝乘坐的“辂车”和“金根车”。据《续汉书·舆服志》描写，金根车上有“鸾鸟立衡”“羽盖华蚤”。“轩车”是高级官吏乘坐的车辆，“轩车”的两侧有障蔽功能。皇太子与诸侯王乘坐的车辆叫王青盖车；一般官吏乘“轺车”（古代 1 匹马驾驶的轻便小车）；贵族妇女乘坐“辎軿车”。除此之外，结合出土的汉车实物、模型以及形象图，与文献记载对照，还能够确认许多供某一特定目的而制作的专用车辆类型，如斧车、施幡（fān）车、戏车等。为了乘坐舒适，人们还制作了软轮车（用蒲草包裹轮边）。这一时期，铁制车辆附件相继出现，同时也出现了铁缘车轮。

尤其重要的是，汉代的机械制作水平有了很大提高，出现了指南车和记里鼓车。这两种车是我国古代的两项重大发明，是我国古代车辆机械方面取得的重要成就。

知识链接

斧车、幡车、戏车

斧车是一匹马拉的双辕小型车，因车厢中央竖有一柄大型斧钺而得名。汉代的斧车为仪仗车，据相关文献记载，当时县令级别以上的官员每次乘车出行，都以斧车做导引，起到壮威仪、表身份的作用。

施幡车是汉代中高级官员出行时乘用的车辆。所谓“施幡”，就是在车厢两侧的栏上加置长条形板状物——幡，用来遮挡车轮行驶时卷起的尘泥。施幡车有一匹马驾驶的，也有两匹马驾驶的。它通常以涂红漆的不同程度来区分地位等级，如左幡髹红的车子是俸禄六百石至一千石的官员乘用的，左右车幡均髹红的车子是俸禄两千石以上的官员乘用的。

戏车是用来表演杂技的车子。这种车没有车盖，一般是由两辆车同时行驶，数人在车的立杆上或连接两车的绳子上表演杂技。在车上表演杂技，是杂技演艺形式的一个重要创新。汉代以后，戏车逐渐衰落，并最终销声匿迹。

四、魏晋南北朝时期——牛车风行，马车衰落

魏晋南北朝时期，乘用牛车成为一种风尚。当时的文人墨客、达官贵人，出行时都喜欢乘用牛车，皇帝车驾中的御衣车、御书车、御轺车、御

药车及画轮车也都是牛车。牛车在物资运输、农田耕作方面亦发挥着重要作用，甚至在战争中也有使用。自魏晋以来，牛车之所以受到贵族士大夫的垂青，与牛车本身的特点有着莫大关系，牛车行走缓慢而平稳，车厢宽敞而高大，只要略做改装，就能随意坐卧，这正好迎合了当时贪求安逸、醉心享受的士族大姓的口味。此外，东晋南渡以后，南方牛多马少也是导致牛车风行的一大要因。

据有关文献描述，晋元帝即位后，因马匹短缺，而牛车又比较舒适，于是晋元帝干脆乘坐牛车，大臣们见了纷纷仿效，时任丞相的王导就乘坐过"短辕犊（牛）车"。此后，乘坐牛车便在东晋南朝流行开来，成为名门权贵、纨绔子弟追求时髦、标榜身份、炫耀富贵的一种手段。《晋书·南史》中记载了不少世家大族崇尚牛车的事例，有的还被人们引为笑谈，比如石崇、王恺攀比炫富，常常驾着豪华的牛车出游，回来时比赛谁先进入洛城，石崇的牛车总是疾行如飞，使王恺的牛车无法赶上；尚书右仆射王俭因牛惊而从车上坠落，司马谢超宗嘲笑他是"坠车仆射"。诸如此类的记载，无不说明牛车在南朝世家大族的生活中占有重要地位。

在北朝，乘牛车也蔚然成风。《魏书·礼志》记载，北魏太武帝出行时乘用大楼辇车，驾 12 头牛；《北史·艺术传》记载，北魏道武帝天兴五年（公元 402 年），平城暴发牛疫，"官车所驭巨犗（阉牛）数百，同日毙于路侧"。由此可见北魏皇室所用牛车之多。牛车除了用作帝王的车舆，还往往作为赏赐品嘉奖给臣子，如北魏孝文帝曾赐予朝中元老高允"蜀牛一头，四望蜀车一乘"。此外，牛车在行军作战和生产生活中也具有举足轻重的作用，如北魏道武帝时期曾驱大军驾牛车讨伐后秦；北齐后主高纬修建宝林寺，利用牛车运输石材和木材。诸如此类，足见北朝使用牛车之盛不亚于东晋、南朝。

魏晋南北朝时期的牛车按照形制的不同，大致可以分为大楼辇、犊车、皂轮车、通幰车、偏幰车和油幢车等种类。大楼辇也称天楼辇，是北魏皇室出行时乘坐的车子，据说此车由 12 头牛牵引，车上有 12 根辕，还有各种玉饰。犊车又名云母车，因车体上饰有云母而得名。这是一种带障蔽、由 8 头牛驾驶的豪华车辆，晋代时是王公贵臣专用的座车。皂轮车是黑漆车轮和车毂的车子，供三公有勋德者乘用，该车由 4 头牛驾驶，车上有青油幢和朱丝绳络。通幰车是车厢上遍覆帷幔的车子，形制类似犊车，为高级官员乘用的座车。偏幰车的形制类似汉代的牛车，为长方形车舆，棚顶前用帷幔遮住车的前半部。据推测，乘坐此车的是中级官员或富裕商贾。油幢车是轮毂上不髹漆、装饰比较简单的车子，由一头牛牵拉，不设帷幔，是一般官员和小地主阶层乘坐的。此类车还可用来运输普通货物或者粮草，比如在著名的官渡之战中，袁绍就曾出动上万辆油幢车来运输军粮。

与牛车的流行形成鲜明对比的是，此时马车的发展利用陷入前所未有的冷落局面，南朝甚至连骑乘都不常见，《颜氏家训》记载，南朝梁时，“郊郭之内，无乘马者”，建康令王复从未见过马，看到马匹嘶喷，竟然大惊失色，惊呼：“正是虎，何故名为马乎？”马车的利用价值和社会地位之所以一落千丈，主要有三方面的原因，首先是军事上车战的过时和骑兵的迅速发展，其次是日常生活中牛车的广泛使用，最后就是水路交通上舟船业的迅速发展。

虽然马车的利用跌入了低谷，但是作为一种传统的交通工具，马车仍在一些特殊场合和环境中显示着自身的价值。史料记载，汉代流行的辎軿车、辒辌车等形式，在魏晋南北朝的某些场合依然沿用；而考古发现出土的资料显示，此时在某些生活场合也使用着伯玉车、通幰车和偏幰车等形式。

伯玉车是东汉时期轺车的直接翻版，双辕双轮，由一马驾驶，车顶有伞盖，车上只能坐一人。伯玉车的车厢就像一张太师椅，两侧和后背有栏壁，前面开门，设有脚阶。结合敦煌壁画描述的情景来看，当时的伯玉车是在隆重的场合下和骑从结合成队出行的。通幰车是独辀双轮有辐马车，车顶为卷篷状，车厢呈长方形，车厢前面开门，后面有旄状幔布垂地。车厢两侧前后左右向上竖立6根帷柱，帷柱顶部自前至后支撑起一块帷幔，用于荫盖全车。这种通幰形式是该时期特有的，借鉴的是通幰牛车的形式。由于这类车只有一辕，所以推测它是用两马驾驶的。偏幰车的形制大致与同时期的偏幰牛车一致，为双辕双轮有辐车，车厢为长方形，车厢两侧向上竖起4根帷柱搭成一座高架，架顶向前和帷幔相连，帷幔前伸，前端通过从车厢前部斜伸上来的两根帷柱固定，形成凉棚或偏幰。这种车由一马驾驶。

除马车、牛车外，用羊驾车的现象在魏晋南北朝时期也比较常见。文献中有不少关于羊车的描述，但都没有论及其形制。如《晋书·后妃传》记载：晋武帝统治时期，宫内有嫔妃近万人，受武帝宠爱的有很多，晋武帝常常不知道去哪处宫苑过夜，只好乘坐羊拉的小车，任羊四处走动，羊车停在哪里，就在哪里宴饮就寝。妃嫔们为了让晋武帝在自己的住处留宿，纷纷用竹叶插门，用盐汁洒地，以吸引晋武帝的羊车。类似事例在南宋朝廷也有发生。《南史·后妃传》描述：宋文帝喜欢乘坐羊车经过诸妃嫔的宫室，潘淑妃常常端庄地打扮自己，撩起帷帐等候着，并让手下的宫人用盐水洒地，宋文帝每次乘羊车路过其宫门，羊都舐地不肯离开，宋文帝感叹道："羊都为你徘徊，何况是人呢！"从此以后常和潘淑妃宴寝取乐。除了宫廷，在民间也能看到羊车的使用，如《魏志》记载：晋代卫玠丰神俊朗，年少时曾乘坐羊车来到洛阳街市，围观者甚多，称其为"璧人（玉人）"。

在一些场合中，也可以见到骡车和象车的使用。此外，在民间，还使用鹿车、木牛流马等人力车。

知识链接

人力车

人力车就是由人牵引或推动的车子。商周时期就已经有了人力车，当时的人力车主要有輂和辇两类，輂指的是独轮手推车，辇指的是双轮挽车。这两种人力车是民间通用的交通工具，用途均限于运物，它们的形制结构因没有考古实证而无法具体说明。秦汉时期把人力两轮车称为“辇”，乘坐“辇”的人员多为皇帝与王公贵族。这一时期，无论是乘人的马车还是载物的牛车，皆必须在较宽敞的道路上行驶，而不适于在乡村田野、崎岖小路或山峦丘陵起伏地区使用。因此在西汉末东汉初，一种手推的独轮车在当时齐鲁（今山东）和巴蜀（今四川）的民间应运而生。这是一种用人力推挽的独轮车，货架安设在车轮的两侧，用以载货，也可乘人。由于独轮车仅有一个车轮着地，因而在田埂、小道上可以顺利通行。这种车叫作“鸡公车”，系用硬木制造，长 4 尺，有时也可前拉后推。“鸡公车”在汉魏时期便盛行起来。根据历史记载，诸葛亮北伐时，创造“木牛”为军队运送粮草。许多学者认为当时的“木牛”，也是一种特殊的独轮车。它比“鸡公车”更加实用，可以爬坡上坎，适用于秦岭地区的特殊地形。但这种“木牛”的具体制作方法早已失传。宋代的独轮车前后两人把驾，旁边两人扶拐，前用驴拉，叫作“串车”。明朝在“串车”的基础上加拱形席作顶，用来拉客。这种前用驴拉、后以人推的独轮车在当时被称为“双缱独轮车”。清代时流行的则是独轮手推车。

五、隋唐五代时期——牛车继续流行，马车继续沿用

魏晋南北朝时期牛车的兴盛之风，直到隋唐五代仍然未有变化。这一时期，无论是在皇亲国戚、达官显贵还是一般官吏、普通百姓的生活中，牛车都是最常用的陆路交通运输工具。人们均以乘坐牛车为荣。隋唐五代时期的牛车，按照形制的不同分为通幰牛车、偏幰牛车及民用牛车三类。通幰牛车和偏幰牛车都是高等牛车，是统治阶层乘用的，它们一般又根据官员职位的高低在车饰上划分出不同的等级，如一品官员乘用的“犊车”带有朱里通幰、朱丝络纲、青油纁，并用白铜进行装饰；二品以下官员乘用的牛车没有油纁和络纲；四品官员只能乘用青偏幰牛车。民用牛车主要用来运货。如敦煌莫高窟的壁画中有一些唐代的“农作图”，上面绘有卸辕等待拉运粮食的牛车；五代卫贤的《闸口盘车图卷》中，有一种专门用来运货的盘车。隋唐五代之所以盛行乘坐牛车，应与当时人们追求社会安定、醉心舒适生活的心态有关。

隋唐五代时期对马车的使用继续走下坡路，不过在一些场合依然会用到马车。比如，隋炀帝三征高丽时，曾在河南和江淮督选兵车5万辆，其中就有马车；哥舒翰讨伐安禄山时，曾在战场上使用车身绘龙虎图案、饰金银爪目的马车；后唐史圭出任贝州刺史，后被罢官退居故里，一般情况下闭门杜客，每当需要外出，就乘坐有屏蔽的辎軿车（马车的一种）来遮掩自己。关于马车的应用，在唐代文学作品尤其是诗歌中有着较多描绘，李峤的《车》中写道：“天子驭金根，蒲轮辟四门。五神趋雪至，双毂似雷奔。丹凤栖金辖，非熊载宝轩。无阶忝虚左，珠乘奉王言。”说明唐代或许存在或使用过仿古制的五马驾驶的金根车。张籍《车遥遥》：“征人遥遥出古城，双轮齐动驷马鸣。山川无处不归路，念君长作万里行。野田人稀秋草绿，日暮放马车中宿。惊麐游兔在我傍，独唱乡歌对僮仆。君家大宅

凤城隅，年年道上随行车。愿为玉銮系华轼，终日有声在君侧。门前旧辙久已平，无由复得君消息。”诗中提到的马车显然是一种四匹马驾驶的战车，这说明驷制兵车在唐代时依然沿用。

隋唐五代时期马车的使用之所以萎缩，与当时统治阶级的习惯嗜好有着不可分割的关系。比如唐代的皇室成员和世家贵族，除了在祭祀、册封、婚丧等庄重场合依照旧制保留使用马车的传统外，在一般情况下都不乘用马车，上行下效，从而导致马车的使用受到极大的限制。

隋唐五代时期马车的形制，可以在一些考古资料中窥见一斑。比如安徽省六安东三十铺出土的隋代画像砖上展示的马车图形，是一种双辕双轮有辐、车厢为长方形卷篷状、有通幰帷幔、由一匹马驾驶的牛车型马车；敦煌莫高窟壁画中描绘的唐代马车，属于双辕双轮有辐、车舆形似太师椅、由一匹马驾驶的轺车。

六、宋元时期——牛车、骡车和驴车

宋元时期，社会上已经极少见到马车的使用，人们出行或者载物普遍应用牛车，有时也乘用驴车和骡车。

宋元时期车的形制分为通幰牛车和般载车两种。

通幰牛车是魏晋南北朝时期流行的车种，经过隋唐五代的沿用和发展，到宋元时已由原来的装饰简朴型发展为豪华奢侈型。敦煌莫高窟宋代壁画“火宅喻”中描绘的通幰牛车形象地向我们展示了这种牛车的基本形制：长方形车厢前伸出两根直辕，车厢下是两个有辐车轮，车子用一头牛驾驶；车厢上建有封闭状的棚子；车门开在后边，垂遮门帘；车厢前部和左右两侧设棂格窗，车顶为拱形；棚顶四角分别树立一根柱子，四根柱子支撑起一顶大帷幔。帷幔上绣着花卉，四周垂挂流苏，看起来极为华贵。通幰牛车应是宋元时期乘人用车的主要形式。

般载车是用来装运货物的车子，主要由畜力牵引，包括太平车、平头车、宅眷坐车子等类型。孟元老《东京梦华录》对般载车进行了详细描述："东京般载车，大者曰'太平'，上有箱无盖，箱如构栏而平，板壁前出两木，长二三尺许，驾车人在中间，两手扶捉鞭驾之，前列骡或驴二十余，前后作两行；或牛五七头拽之。车两轮与箱齐，后有两斜木脚拖。夜，中间悬一铁铃，行即有声，使远来者车相避。仍于车后系驴骡二头，遇下峻险桥路，以鞭唬之，使倒坐缍车，令缓行也。可载数十石，官中车唯用驴差小耳。其次有'平头车'，亦如'太平车'而小，两轮前出长木作辕木，梢横一木，以独牛在辕内，项负横木，人在一边，以手牵牛鼻绳驾之，酒正店多以此载酒梢桶矣……又有宅眷坐车子，与'平头车'大抵相似，但棕作盖，以及前后有构栏门，垂帘。"由此可知，太平车、平头车和宅眷坐车子的形制大体相似。结合其他文献中的记载，可以了解到太平车是一种大型的适用于近距离运输的货车，运载量可达四五千斤。北宋画家张择端在《清明上河图》上描绘了几辆骡子牵拉的太平车，除了驾车的牲畜数目不同外，车的形制和文献记载毫无二致。根据图中车的形象可知，宋元时期太平车的主要形制特点是双轮双辕有辐，长方形车厢，轮与厢基本持平，左右有栏，前后无栏，没有篷盖。太平车的行进方式跟前代畜力货车相比有着显著差别：驾驭采取人驾畜拉的方式，即由人驾辕，由牲畜拉车前行。这种驾驭方式导致太平车的行驶速度缓慢，不过车子却行进得十分平稳，鲜少有事故发生，保障了行车安全，同时也避免了车速过快、路途颠簸造成的货物损坏。正是由于太平车的优势，历史上很长一段时期，它都是民间一种重要的运输工具。

平头车最早出现于五代时期，它的形体略小于太平车。《清明上河图》《盘车图》等宋代绘画均可见到平头车的形象，平头车的形制特点为：由一头牛驾辕，三头至四头牛拉车；车身整体较高，轮径较大，车轮与车厢几乎齐平；车内有隔板，将车厢分为两个部分，车厢上部有篷盖。

平头车是一种中型的适合长途运输的货车，在组织运输时，通常由几辆以上组成车队。《东京梦华录》说："每遇冬月，诸乡纳粟秆草，牛车阗塞道路，车尾相衔，数千万辆不绝，场内堆积如山。"这段话形象地反映了平头车在当时陆路交通运输中的作用，并展现了运输车队的规模之大。宅眷坐车子的具体形制不得而知，只知道它是一种车厢上部有篷盖，车身周围有栏杆，车上有垂帘的双轮双辕车，系驾方法和平头车雷同。据考察，宅眷坐车子可能既用来载货又用来载人，是民间常用的畜力牵引车。

以上所述般载车种类，除了用牛牵拉外，一般也用骡子或驴牵拉。用骡子和驴牵拉时就是骡车、驴车，《清明上河图》中所示的太平车、平头车，就是骡车和驴车的形式。值得说明的是，宋元时期，牛车、骡车和驴车除了在日常生活中用于货运和载人外，有时也用于邮驿，充当驿车。

七、明清时期——轿车、敞车、人力车

明清时期的车子类型主要有轿车、敞车、人力车等。

轿车是这一时期产生并得到普遍应用的由畜力牵引的新型车种，主要用来载人。轿车都是由木料制成，皇室、贵族和朝廷命官乘坐的轿车一般用紫檀、楠木、花梨等上好的木料加工，普通百姓乘坐的轿车则用槐木、榆木、柳木、桦木等一般的木材制作。车子成型以后涂抹油漆，常见的漆色有黑色、栗壳色。一辆轿车由辕、舆、轮轴三部分构成。车辕是两根圆头方身的长木，后端与车厢、车梢相连，构成车体"龙骨"。车辕前通常配有一个短脚长凳，名叫"车蹬子"，供乘者上下车时垫脚用。车辕前横向放置一根木棍，停车时用来支撑车辕。车厢为横长方形，上有穹隆顶篷，由竹篾编成，篷表裱糊一层布，布上涂桐油防水。车厢内一般铺垫木板，讲究的会在木板中央扎上细藤，形成类似现在的棕绷床，在上面再放

置坐垫。车梢尾部较宽，常用以放置行李；没有行李时，可以倒坐一人。车厢下面是车轮和车轴，车轮有两个，都有辐条，大者辐 16 根，小者辐 8 根。车轴位于车厢中部的重心上。车门开在前面，悬挂门帘。轿车在形体上比同形制的货车——敞车小，所以又称为“小车”。明清时期的轿车多由一头或两头骡子牵引，所以又通称“骡车”，这种“骡车”有时也会使用马拉或驴拉。不管是贵族官员乘坐的高马车，还是一般百姓乘坐的普通骡车、驴车，车子的形制都没有太大区别，只是在构件和饰件的质地、油漆的颜色上显示出较严格的等级差别。如贵族官员乘坐的豪华轿车，车帷子由绸缎制成，上面嵌玻璃、绣珠宝、垂穗子，装饰极为华丽，在漆色方面，君王使用明黄色，亲王及三品以上官员使用红色，其余官员依次用宝石蓝、古铜色、绛色、豆绿色等。平民乘坐的轿车，车帷子一般使用棉布或麻布，车的漆色只能是皂青色或深蓝色。由于白色是重孝的服色，无论是高等轿车还是普通轿车，除发丧之外一律不准用白色。没有车帷子的轿车称为“光架子骡车”，通常情况下不能上街，因为这种车常用来押送犯人去刑场。轿车兴盛之际，用途十分广泛，由此产生了各种名称和种类，如《旧京琐记·卷一》载：“旧日乘坐皆骡车也，制分多种，最贵者，府第之车，到门而卸，以小童推之而行，出则御者二，不跨辕，步行于两旁，健步若飞，名之曰双飞燕。次曰大鞍车，贵官乘之。京堂以上，障泥用红，曰红拖泥，自余皆绿色油布围之，曰官车，寻常仕官乘之。曰站口车，陈于市口以待雇者。曰跑海车，沿途招揽坐客，车轮亦有别。”清末时，随着人力载客车、汽车的诞生和发展，轿车的利用日渐衰落，最终成为部分地区沿用的客运工具。而到了现代，轿车彻底退出历史舞台，成为博物馆里供人们参观的历史遗迹。

敞车又称大车，是一种形制结构和轿车大致相同的车子，专门用于载货。敞车上面不立棚，没有车围，也不做装饰。敞车主要由骡子牵引，有时也用马拉和驴拉。敞车是明清时期民间货运中最重要的陆路交通工具，具有简单实用等优点，至今仍在我国广大乡村地区沿用，只不过在车轮等方面发生了重大变革。

明清时期的人力车主要是独轮手推车，是民间常用的短途、少货量小型运输工具。独轮手推车的形制特点为：双辕独轮有辐，辕上有左右两个货架，架前或设挡栏，架后辕下有双支脚。独轮手推车往往由一人从后持两辕向前推行，如果载货较重，则可临时套驾一驴，让驴在前面牵拉，一人在后面扶辕平衡，两边有人持鞭驱驴。明代《皇都积胜图》中就有关于独轮手推车使用情况的描绘。

第二章

林林总总：车的结构和类别

第一节　车的构造

我国古代的车辆主要是木制，通常由车轮、车厢和车辕等部分构成。本节介绍的是古代典籍中涉及车的部件的记载。

一、车轮

车轮是车上最重要、最突出的部分。古车的轮子由许多零部件组成，包括毂、辐、辋、轴、軎、辖等。

毂是车轮中心的一根圆木，内有凿孔用来穿车轴，外有凿孔用来安辐条。辐是连接毂和辋的直木条，一端插入毂中，另一端插入辋中。《说文解字》说“毂，辐所凑也”，故有“辐凑”之说。《老子》中提到“三十辐共一毂”，即三十根辐条组成一个车轮，但实际上辐条的数目并不固定，就目前出土的文物来看，除了三十根的，还有十几根、二十几根的。这些辐条以毂为中心，向各个方向延展，插入辋中，就像太阳放射光线一样，所以有“辐射”一词。

车轮周围的圆框称为辋，亦名辕、牙。这些名称清晰地反映出车轮制作的发展史。车轮设计为圆形，可能是因为人们受到自然界圆木滚动的启发。原始的车轮叫作“椎轮”，是用整块圆木截成的圆木盘，没有毂和辐。椎轮笨重而不灵活，极易受到损坏，于是人们不断对其进行改进，用辐条来联结辋和毂，组成车轮。毂的制作倒不困难，直接将原来的圆木削小即可，但是辋怎么做成圆的呢？春秋时期以前，我国还没有发明和使用锯子等制作圆弧形的木工工具，要想使直木弯曲，只能采取火烤的方法。《晏子春秋·内篇》中说：“今夫车轮，山之直木也，良匠煣之，其圆中规。”《荀子·劝学》记载：“木直中绳，輮以为轮，其曲中规，虽有槁暴，不复挺者，輮使之然也”“煣”和“輮”都是用火烤使木材弯曲的意思。后来发明了锯子和斧子，就把木头锯成片，裁削呈弧状，再把弧状木片衔接成圆圈，弧形木片相接的地方称为“牙”。《考工记·轮人》：“牙也者，以为固抱也。”郑玄注引郑司农曰：“牙……谓轮輮也，世间或谓之罔。”孙诒让《周礼正义》引阮元曰：“辋非一木，其曲须揉，合抱之处必有牡齿以相交固，为其象牙，故谓之牙。”可知“牙”指的是车辋。从“椎轮”到“輮轮”再到“牙轮”的语言符号的变化，恰好展现了车轮制作工艺的发展历史。

我国古代的车大多数是双轮车，连接两个轮的横木叫作“轴”。轴横贯在轮毂中并露出毂外，露出毂外的部分套有青铜制的筒状物——軎。軎与车轴末端有一孔相通，称为“轵”。将一个名叫“辖”的部件插入“轵”中，使軎、轴、毂三部分得到固定，防止车轮脱出。“管辖”一词就由此而来。“辖”是一个重要的物件，其作用类似现代车轮的气门芯，如果缺少了它，车子就无法行驶。《汉书·陈遵传》记载：“遵嗜酒，每大饮，宾客满堂，辄关门，取客车辖投井中，虽有急，终不得去。”这个嗜酒好客的陈遵，为了留住客人，竟然将客人车轮的“气门芯”拔掉投进井里，使客人有急事也无法离开。“投辖留宾”的做法在当时传为美谈，并成为历代诗文引用的佳话典故。

两轮间的距离称为“轨”。车辆行驶时轮子在路面留下的压痕称为“辙”。轨的宽度和辙的宽度相同，所以这两个字可以互用。先秦以前，轨的宽度并无定制，不同国家规定的轨宽不相一致，即使是同一国家，车轨的宽度也有变化，如殷墟二里头考古发现的车辙显示，商代马车的轨距不仅有 1 米的，还有 2 米的。秦始皇统一六国后，在全国范围内实行“车同轨”，规定两轮之间的距离一律改为 6 尺，极大地便利了交通。

古车的轮子基本都是木制的。木车轮在晋代以前很少使用铁皮来包扎保护。汉代时倒是有用蒲草来包扎车轮的，不过并不是为了保护车轮，而是为了减轻振动，保持安稳。《汉书·霍光传》中提到“韦絮荐轮”，即在车轮的外缘裹上皮革和丝绵。师古注释：“取其行安，不摇动也。”在车轮外裹皮革和丝绵，目的是减轻车的振荡，可以说这是现代汽车轮胎的雏形。

二、车厢

车厢在古代也叫作“舆”，是车上载荷人员的部件。车厢通常为横长方形，但也有少数为正方形和椭圆形，运物的辎重车则往往为纵长方形。马车的车厢横广 6 尺 6 寸，纵深 4 尺 4 寸，和现代车厢纵长横短截然不同，但是牛车和现代车一样纵长横短。马车的车厢之所以横宽，是因为马车在古代往往是由多匹马并行牵引的。而牛车作为货车，一般由一头牛牵引，所以其车厢纵长。古代的车厢四周设有围栏和拦板。车厢的各个部位有着各自的名称：底框称为“轸”，一说是后厢板；围栏前面的横木称为“轼”，是给乘车者前瞻或俯视时扶手用的，但更多的时候是用于行礼的。因为在车上行礼要伏轼致敬，所以后来就将轼移到了车厢的中间位置，乘车者站在车厢中部，既可以保持平稳，又便于行礼。在轼的后面，左右两边有两根略高于轼的横木，名为“较”（jué），也是用以扶手的。古人乘车主要是立乘，所以车上都有扶手。除了行礼时需要扶轼以外，正常情况下都是扶较的。较下面的部分是“辄”，也叫作“輢”，可以凭倚。在车厢两侧轸和轴的交接处，有一块垫木，名叫“轐”或“伏兔”。伏兔朝上的部分是平的，用来承接车厢；朝下的部分为拱形，伏在车轴上，所以得名“伏兔”。伏兔左右各一个，两伏兔之间的部分称为“当兔”，当兔也有连接车厢的作用，但是主要功能是固定车辕。由于坐乘的需要，在车厢底部往往装木板或者编革带，有的还铺车席。为了避风遮阳，车厢上一般设盖。盖主要为伞形，柄的顶端膨大，上铸榫眼用来安装盖弓。盖弓中部和尾部一般开有小孔，从孔中穿绳，便能将各条弓牵连起来。盖弓上面覆盖帷幔。盖弓帽位于盖弓的末端，上面有一突出的棘爪，用来钩住盖帷的缯帛以把它撑开。车盖并不是完全固定在车上的，而是可以随时拆卸，比如遇到刮大风或者车辆用于战斗时，就要把盖拆下。乘车者从车厢后部的开口上下，勇士一跃而上，君王要踏着乘石上，妇女则踏几而上。

三、车舆部件与古人命名

古人喜欢用车舆部件来取名。春秋时期很多贵族流行用“辄”来取名，比如秦公子辄、鲁叔孙辄、郑公子辄等。也有以车舆的其他部件为名的，比如春秋霸主晋文公名叫“重耳”，这个名字就是取自较上形似两只耳朵的装饰物。还有以车舆的底框“轸”为名的，如战国时楚国名士陈轸等。后世用车舆部件为名而家喻户晓的就是苏轼了。古人为何喜欢用车舆部件为名，不得而知，不过却能从中看出车文化的深远影响。

四、车辕

车辕也称为辀，是车前驾牲口的木杠，与衡、轭、靷等部件共同构成了车的传动系统。

车辕的一端为方形，直穿车厢底部，固定在车轴中央的当兔上，并伸出舆后。先秦时期，马车多为独辕，而且用的都是曲辕。这其中包含着某些力学知识。《考工记·轮人·辀人》说："辀深则折，浅则负。"对辀的弧度曲率提出了要求，认为辀的弧度不能太深，否则容易折断，也不能太浅，不然会摩压牲口的后股，加重负担。辀的弧度要深浅适中，这样才能让人与马感到舒适，使车辆行进快速而平稳。牛车为双辕，一头牛居中驾驶。原始的牛车为直辕，直辕牛车有着极大的缺陷，《考工记》记载："今夫大车之辕势，其登又难；既克其登，其覆车也必易。""及其登陁，不伏其辕，必缢其牛""及其下陁也，不援其邸，必緧其牛后"。大意是说直辕牛车上坡困难，容易翻车，会对拉车的牛造成伤害。《考工记》明确指出，产生这种现象的原因是"辕直且无桡也"。大意是弊病就在辕直而不弯曲。知道弊病所在，就容易解决问题，于是当时的辀人发明了弯曲适度的曲辕术，改直辕为曲辕。

辕的前端有一根长横木，称为"衡"，有曲、直两种。辕与衡之间用一销钉连接，大车上的称为"輗"，小车上的称为"軏"。衡上有銮、轙两个部件。銮即铃铛，轙是贯穿缰绳的大环。衡下有一曲木，称为"轭"，驾车时套在牲口的脖颈上。如果是两畜，则分左右夹辕共一衡负轭挽车而行。如果是四匹马，则中间的两匹马（服马）各负一轭，两侧的骖马无衡无轭，身上只系一靳。靳是用来拉车的皮带挽具，一端系在牲畜胸前的皮套上，另一端系在车厢底部。服马的内侧也分别有一皮带挽具，称为

“軥”，軥的前端系在轭上，后端拴在车轴上。畜力通过轭传到衡上，然后再传到辕上，引车负衡，拉车前进；又通过靳、軥将牵引力传到辕上，这样就使得动力均匀分配。这种马车系驾方法称为“轭軥式系驾法”。

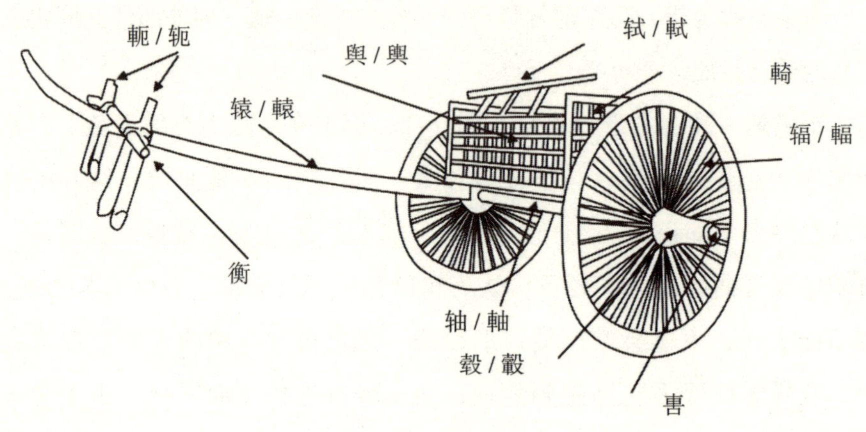

古车结构图示意图

第二节　车的种类

我国古代的车种类繁多，名目多样，仅文献记载中的车名就难以计数。这些众多的车按照用途的不同，可分为乘车、猎车、耕车、货车、指南车、记里车等类型。

一、代步工具——乘车

乘车即专门供人往来乘坐的车，具体包括帝王的御车、王后妃嫔的座驾、王公大臣的乘车以及民用车等。

1. 豪华的御车

御车是帝王乘坐的车子，是古代最高等级的车。御车总称“辂车”，又称“路车”，有玉辂、金辂、象辂、革辂和木辂五种。五辂分别因装饰材料的不同而得名：玉辂以玉为饰，金辂以铜为饰，象辂是以象牙为饰，革辂包以皮革，木辂仅饰油漆。五辂之中除玉辂为君王专用以外，其他四种在不同的场合也允许王公大臣使用。五辂车上插有不同的旗帜，用途各不相同。玉辂最尊贵，是君王参加祭天仪式时乘坐的，车上插有太常旗，旗杆高 9 仞，旗上绘制日月龙图案，旗的边缘缀有 12 条悬垂至地的旒（梳齿样条带状的飘带）；金辂是接见外国来宾时乘坐的，也可以赏赐给王公和王室成员，车上立有绘制蛟龙图案的大旂旗，缀有 9 条旒；象辂是君王上朝时乘坐的，也可以赏赐给诸侯，车上建有大红旗，没有任何图案；革辂是君王乘坐的兵车，可以赏赐给诸侯，车上插着一面大白旗；木辂是田猎时乘坐的车，也可以赏赐给藩属国，车上插的是名为“大麾”的黑旗。以上五辂均是君王因公出行的座驾，君王日常乘坐的车主要有金根车和安车，此外还有一些偶尔乘坐的车，如羊车等。

知识链接

金根车、耕根车

金根车是以金为饰的根车，是秦始皇时期在夏、商、周三代车制的基础上改造而成的，汉、魏、晋等朝代都曾乘用。这种车制作讲究，外表华丽，使用 4 匹马或 6 匹马牵引，通常仅限于皇帝乘坐。

耕根车也叫芝车，是古代君王亲自参加农事活动时乘坐的马车。耕根车的形制结构大致与辂车、金根车类似，但是因为车子要驶入乡间农田，所以外在装饰可能相对简单些。

2. 王后乘坐的车

王后乘坐的车也分为五大类，但不以辂为名，而是称重翟、厌翟、安车、翟车、辇车等。

重翟是王后跟随天子祭祀时乘坐的车子，因车厢饰以双层雉羽而得名，其制度与豪华程度相当于天子的玉辂。厌翟是王后跟随天子设宴招待诸侯时的座驾，除了王后以外，公主和后妃也能乘坐。厌翟的车制与装饰对应的是天子的金辂。安车是一种有盖的轻便小车，四个轮子较小，行走起来比较安稳，王后和妃嫔出行时往往乘坐此车。翟车也是专门为后妃出行制作的车子，用雉羽做装饰。辇车采用人力拖拉，有雉羽盖遮阳挡风。

除了重翟、厌翟、安车、翟车、辇车，金根车、云母车等也用于后妃座驾。

3. 王公大臣乘坐的车

王公大臣乘坐的车，历代规定各不相同，这里主要介绍轺车和轩车。

轺车是由一匹马牵引的轻便车，双辕双轮，车厢四面空敞，车上有伞盖。据记载，最晚在战国时期，双辕一马驾驶的坐乘轺车就已经产生了。轺车通常可坐两人，驾车者居右，官员居左，坐车时可以远望或环视。轺车往往系驾一匹马，有时也会系驾两匹马或三匹马，驾两匹马的称为“轺传”，用作驿车，驾三匹马的称为“轺车骖驾”。轺车的结构简易，行进速度快，上下方便，是普通官吏惯常乘用的车辆。

轩车是一马驾或三马驾的双辕安车，车舆的前顶较高，两侧用皮饰或漆饰的席布做障蔽。据考古资料显示，轩车的形制大致和双辕轺车相似，不同的是轩车的车舆两侧障蔽高大，人坐在车里，只能看到前后方的景物。轩车在古代是供大夫以上的高级官吏或列侯乘坐的轻便马车。

4. 简陋的民用车

民间百姓所乘的车相比皇家和官员乘的车来说是比较简陋的。常见的民用车有鹿车、露车等。

鹿车是一种用人力推挽的轻便小车。关于"鹿车"的名称，有不同的说法。清代学者瞿中溶《汉武梁祠画像考》："当是鹿卢之谓，即辘轳也。"认为"鹿"是辘轳之"辘"的借用。《风俗通》解释说："鹿车窄小，载容一鹿也。或云乐车，乘牛马者，剉斩饮饲达曙，今乘者，虽为劳极，然入传舍，偃卧无忧，故曰乐车。无牛马而能行者，独一人所致耳。"称鹿车为乐车。鹿车是两汉魏晋南北朝时期民间来往的主要交通工具，据《晋书》记载，魏晋名士刘伶就常常乘坐鹿车出游。

露车是一种没有车盖、车帷的车子，也是民间百姓的常用车。《太平御览》引《晋中兴书》说，西晋灭亡后，王尼避乱江夏，没有住宅，"唯畜露车，牛一乘"，"暮则宿车上，无有定处"。由此可知，露车比鹿车大，并有畜力牵拉。此外，露车在三国时期往往作为赏赐品，如《晋王公百官志》记载："蜀刘主得赐露车七十乘，孙主赐露车三十乘。"这说明露车也被民间的富户以及有地位的官吏乘用。

二、货物运输车——货车

货车指主要用来载运货物的车辆。在古代，由于供人乘坐的车大多带有帷幔，不便装卸，所以就产生了专门的货车，当然也不排除一车多用的情况。

古代货车中最有代表性的是明清时期的合挂大货车。这种车的形制结构为：四轮独辕，轮上铺支架，从轴上穿斗而起，前后各有一横轴，轴上短柱起架直梁，梁上安车厢。合挂大货车的载货量很大，可载重五十石，所用骡马至少 8 匹，多者 10 匹或 12 匹。驾车人站在车厢中央位置，车前骡马分成两排，颈后均套有缰绳，缰绳收拢为两束，收入到厢内两旁。驾车人手持长鞭，鞭穗用麻绳制成，长约七尺，鞭杆长短和鞭穗一致。除驾车人外，还需要两个人踩绳，这一工作由识马性和会掌缰绳的人来做，马行速度太快时要立刻踩住缰绳，否则有翻车之祸。车行进的时候，如果遇到前方有人需要停车避让，驾车人会大声吆喝，众马就会停下来。大车喂马一般不将马牵入马厩，车上自带柳槽，马就地进食即可。经过坡度较大的桥梁时，从众马之中选出最强壮的一匹系在车后，当车下坡时，前面的几匹马缓慢地拉，后面的一匹马拼命把车拖住，以减缓车速。制造合挂大车，要选用长木做车轴，短木做车毂，木料以槐、枣、檀、榆为佳。檀木摩擦时间久了会发热，不太适合，所以用合抱粗的枣木和槐木最好。至于轸、衡、厢、轭等部件，则什么木料都可以用。

货车中还有一种双轮骡车，也是重要的运输工具。双轮骡车上面的承载支架，也是从轴那里连接上去的。行车时，骡在前头拉，车厢平正；卸马时，用短木从地面支撑住前辕，这样车不会向前倾倒。双轮大车的运载量不如合挂大车，但却比合挂大车灵活，合挂大车只能在平坦宽广的道路上行驶，在条件较差的坎坷小路上则无法行进，而双轮大车在这种道路上也能行走。

货车中还有一种牛车，适合在山道上行走，运载粮草。隋唐时期漕粮运抵黄河三门，便由水运改为陆运，雇大车运到渭河，然后卸车改为船运。这大批运粮的车就是牛车。这种牛车在明清时期的山西十分普遍，因路窄多险，牛颈上均系有铜铃，名叫“报君知”，行车时发出清脆的声响，可以提醒前后车辆，避免发生碰车事故。北方有一种独辕小货车，驴在前面拉，人在后面推，载货量最多四五石。在南方还有一种独轮推车，只能一人推运，载重两石，遇到崎岖的路就过不去，最远能走百余里。

此外，还有一种平地任载之车，多用于中原农家，主要用来运输粮食和刍草。此车由两头牛驾挽，车轮高大，车帮突出，车体用木条做成架子，有的底部钉板，头尾两侧还用木棍加宽。元代王祯《农书》中载有一种下泽车："下泽车，田间任载车也。"此车也叫板毂车，毂短，便于回转，车体由木棍做成，车帮高突，头尾外伸，多用于南方水田。

三、导向车——指南车

指南车也叫司南车，是古代的"导向车"，车上有一个木人伸着一只手，无论车子开到哪个方向，木人伸出的那只手总是指向南方。

据说指南车是黄帝发明的，传说黄帝与蚩尤大战于涿鹿之野，蚩尤作法释放大雾，士兵皆迷失方向，于是黄帝便造指南车来指示方向，终于打败蚩尤，为统一华夏奠定了基础。还有一个传说，西周时，居住在东南亚的越裳氏派使者觐见周成王，周成王为了避免使者在归国途中迷失方向，便造了一辆指南车送给他们。但这些终究是传说，不是信史。黄帝生活在石器时代，当时并不具备制造指南车的技术条件，这从后文指南车所需的精密部件可以知晓。而周公作车一事，在先秦经传群书均不见记载，即便在重视车子的《周礼》中也没有指南车的踪迹。除了上述说法外，还有张衡发明指南车的说法传世，不过据查证也是不可信的，因为在有关张衡的传记及张衡本人的著作中均未提到指南车。有史料依据的指南车产生时间是三国时期。

《宋书·志八》记载，魏明帝时期，博士马钧与"博闻之士"高堂隆、秦朗在朝堂争论关于指南车之事，高、秦二人皆"云无指南车，记者虚说"，但马钧认为古代是有指南车的，经过研究，他最终造出了指南车。

指南车问世以后，历代不断进行改进。西晋时期的指南车，"驾四马，其下制如楼，三级，四角金龙衔羽葆；刻木为仙人，衣羽衣，立车上，车虽回运而手常指南"。东晋南渡后，北方虽长期战乱，但指南车并未绝迹。

后赵太祖石虎曾命解飞造指南车。崔鸿《后赵录》记载："尚方令解飞，巧言若神，妙思奇发，造指南车就，赐爵关内侯。"公元417年，宋武帝刘裕攻破后赵，得指南车，车的形状类似记里车，"设木人于车上，举手指南"。后赵的指南车有着很大缺陷，"机数不精，虽曰指南，多不审正。回曲步骤，犹须人功正之"，因此后来祖冲之对其进行了改造，改进后的指南车"其制甚精，百屈千回，未常移变"。自此，指南车的结构就固定了下来。祖冲之以后，指南车逐渐普及，并得到广泛应用。到了宋代，经过历代的改进，指南车已发生了质的变化。宋仁宗天圣五年（公元1027年），工部郎中燕肃新造指南车，此车的构造在《宋史·舆服志》中有着详细描述："用独辕车，车厢外笼上有重构，立木仙人于上，引臂南指。用大小轮九，合齿一百二十，足轮二，高六尺，围一丈八尺。附足立子轮二，径二尺四寸，围七尺二寸，出齿各二十四，齿间相去三寸。辕端横木下立小轮二，其径三寸，铁轴贯之。左小平轮一，其径一尺二寸，出齿十二；右小平轮一，其径一尺二寸，出齿十二。中心大平轮一，其径四尺八寸，围一丈四尺四寸，出齿四十八，齿间相去三寸。中立贯心轴一，高八尺，径三寸。上刻木为仙人，其车行，木人指南。若折向东，推辕右旋，附右足子轮顺转十二齿，击右小平轮一匝，触中心大平轮左旋四分之一，转十二齿，车东行，木人交而南指。若折向西，推辕左旋，附左足子轮随轮顺转十二齿，击左小平轮一匝，触大中心大平轮右转四分之一，转十二齿，

指南车

车正西行，木人交而指南。若欲北行，或东，或西，转亦如之。”宋代指南车相比前代大为改观，利用机械传动的方法，通过齿轮传送动力，显然比早期指南车进步了许多。指南车的构造之巧妙，结构之精密，使我们不得不佩服古人的智慧。

四、行程记录仪——记里车

记里车也叫司里车、记里鼓车，是一种能计算道路里程的车，车上也有一个木人，手中拿着一个鼓槌，车每行进一里，木人就敲打一下车上的一面鼓。记里车的原理同现代汽车上的里程表的原理一样，是我国古代科技史上一项重要的发明。

记里车的历史不像指南车那样曲折，文献记载也比指南车要简略。记里车是由记道车发展而来，西汉刘歆《西京杂记》载：“汉朝舆驾祠甘泉汾阴……记道车驾四，中道。”晋崔豹《古今注・舆服志》记载：“大章车，所以识道里也，起于西京，亦曰记里车。”记里车的外形构造在宋代以前大同小异。晋代的记里车驾四马，形制如司南，车上有木人执槌向鼓，行一里则打一槌。南齐的记里车与晋代相比没有大的变化，不同的是车上施华盖，“襟衣漆画，鼓机皆在其内”。南梁的记里车驾牛，构造同南齐一致。到了宋代，记里车有了很大改进，将原来的单层改为双层，行一里，上层木人击鼓，行十里，下层木人击镯。宋仁宗天圣年间，内侍卢道隆设计出新型记里车，《宋史・舆服志》详细记述了此车的结构、尺寸、规范等：独辕双轮，车厢有两层，分别立一木人，手执木槌。足轮直径各六尺，周一丈八尺。足轮一周，为人行三步，每步以六尺计。立轮一个，直径一尺三寸八分，周长四尺一寸四分，出齿十八枚，齿间距二寸三分，附于左足下平轮一个，直径四尺一寸四分，周长一丈二尺四寸二分，出齿五十四枚，齿间距与立轮相等。立贯心轴一个，上设一铜旋风轮，出齿三枚，齿间距一寸二分。中立平轮一个，直径四尺，周长一丈二尺，出齿百枚，齿间距与旋风轮相同。次安小平轮一个，直径二寸五分，周长一尺，出齿十枚，齿间距一寸五分。上平轮一个，直径二尺五寸，周长一丈，出齿百枚，齿间距与小平轮同。其中平轮转一周，车行一里，下层木人击鼓；上平轮转一周，车行十里，上层木人击镯。共用大小轮八个，合二百八十五齿。宋徽宗时期，内侍省吴德仁又对记里车进行了改制，改版后的记里车有四个轮轴，又立横轴，齿轮的数目减少，车子每行一里，木人同时击鼓敲钟。宋代记里车的工艺水平显然远超前代，但令人遗憾的是，此时记里车多用于仪仗车，计算里程的功能大大削弱。到了元代，记里车的制造工艺失传，记里车就此消逝在历史的舞台。

第三章

车辚辚，马萧萧：战车和车战

第一节　战车时代与车战历史

一、新兴的武装力量——战车

车用于战争厮杀即为战车，原始的战车是由交通运输车转变而来。我国使用战车的历史相当悠久，战车的规模之大、应用范围之广，都是世界上其他国家无法比的。历史文献表明，我国战车最早出现于夏代，大约是在公元前 1970 年。

公元前 1970 年前后，夏代的第一位君主大禹逝世，他的儿子夏启继承王位，改禅让制为世袭制。西部的有扈氏不服，起来反对，于是夏启兴兵前去讨伐。在有扈氏南郊甘水之滨，夏启发布了一篇临战誓词——《甘誓》，严正指出有扈氏的罪行，并申明军纪和赏罚之法："左不攻于左，汝不恭命；右不攻于右，汝不恭命；御非其马之正，汝不恭命。用命赏于祖，弗用命戮于社，予则孥戮汝。”这段话的意思是说：战车左边的射手不从左边射击敌人，战车右边的剑手不从右边击杀敌人，就是不遵守命令。驾车的人无法令车马排列整齐，也是不遵守命令。听命行事的，将要在祖先神灵面前给予赏赐；抗命不听指挥的，就要在社神面前将他杀死。由此可以推测，当时军中大概已经出现了战车，并有了车左、车右和车御。这是迄今所知文献资料中关于车战的最早记录。

成书于战国时代的《吕氏春秋·仲秋纪·简选》也有一段对车战的描述:“殷汤良车七十乘，必死六千人，以戊子战于郕，遂禽推移、大牺，登自鸣条，乃入巢门，遂有夏。”这段文字介绍的是夏代末年成汤讨伐夏桀的事，历史上称为“鸣条之战”，大约发生在公元前1600年。当时，夏朝的最后一位君主桀荒淫无度，残暴无道，不得民心，夏朝的统治摇摇欲坠。夏朝方国商国的君主成汤见夏朝衰落，决心取而代之。成汤与手下大臣伊尹、仲虺商议征伐豕韦，逐渐剪除夏桀的羽翼，被夏桀察觉。夏桀以召见的名义将成汤骗入朝中，囚禁在夏台。伊尹和仲虺得知消息后，就搜集了许多珍宝美女献给夏桀，这才把成汤救出。

成汤回到商国后，更加坚定了灭夏的决心。公元前1600年左右，经过一番谋划和准备，灭夏的条件已经成熟，成汤正式兴兵伐夏。出征前夕，成汤在封地举行了隆重的誓师仪式，历数夏桀的暴行，申明自己是替天行道，并制定了严格的战场纪律。誓师以后，成汤选出良车70乘，精兵6000人，前去攻打夏桀。夏桀仓促应战，先和商军战于蒲州一带，后来退守鸣条（山西夏县之西），在鸣条展开了一场决战。双方交战时正好遇到雷雨天气，商军不避雷雨，英勇作战，夏军连连败退。夏桀见兵败如山倒，遂率领残余兵力向东奔逃，到了方国三朡（zōng）境内。三朡摆开阵势保护夏桀，扬言要与成汤决一死战。商军与三朡军在成耳进行了一场战役，三朡军兵败，夏桀被俘。成汤将夏桀流放到南巢，不久夏桀病死。至此，夏朝灭亡。

商汤以“良车七十乘”投入战斗，看起来规模不大，其实在当时可谓不易。乘，是战车的基本作战单位，一乘就是一辆；一辆车有 3 名乘员，并配以一定数量的徒兵。起初，一乘战车配 10 名徒兵，后来随着战争规模的扩大，战车数量的增多，徒兵的数量也有增益，多者可达 72 人。由此来看，“七十乘”车配备的人员总数最少也有千余人。况且，战车是一种新式武装，在战斗中杀伤力强，是正规步兵无法抵御的。

前面这两则史料虽然都讲到了马拉战车，但在迄今发现的夏代遗址和商代早期遗址中，并没有见到马车的遗迹。考古发现的早期马车实物，都是商代晚期的。这些晚商马车，有的车上或车旁放有兵器和箭箙，说明它们是战车。安阳殷墟乙七基址曾出土六辆战车，甲骨文中也有不少关于战车的记载，这充分表明商代晚期军中已经使用驾马的战车。考古发掘的马车实物显示，商代战车为木质结构，四马两轮，重要部位往往饰以青铜车器，西周时期的战车形制和春秋时期战车的形制大致相同。四马两轮式战车是先秦时期车战的定型用车。商末，周武王兴兵伐纣时，车战开始逐渐兴盛，《史记·周本纪》中说：“（武王）遂率戎车三百乘，虎贲三千人，甲士四万五千人，以东伐纣。”“诸侯兵会者车四千乘，陈师牧野”。可见，商代末年，车战时代已经开启，虽然当时投入的战斗力还并不是主力，但是一个新兴武装力量已经诞生，并渐渐走向壮大。

二、战车成为战场的主角

战车成为主要的作战单位开始于西周时期。武王伐纣后建立起西周王朝，在政治、经济、文化、军事等方面进行了深刻改革。政治上实行分封制，经济上实行井田制，巩固了西周政权，壮大了国家实力，进而保障了战车繁荣发展。此时，畜牧业在整个经济中占据重要位置，马匹的多少和强弱成为国家实力的体现，许多优质马种用来驾车，为车战提供了动力支持。西周初年，面临着严重的内忧外患，内部因王位继承问题斗争激烈，外部商代残余势力仍很强大，周边民族不时侵扰边境，为此，从成王开始，先后开展了一系列的平叛战争和征伐战役，在四处征战中，战车发挥了很大作用，促使周王朝不断对战车进行改进。

《诗经》中有不少描绘西周战车和车战的篇章，如《大雅·烝民》载："仲山甫出祖，四牡业业，征夫捷捷，每怀靡及，四牡彭彭，八鸾锵锵。王命仲山甫，城彼东方。四牡骙骙，八鸾喈喈。仲山甫徂齐，式遄其归。吉甫作诵，穆如清风。仲山甫永怀，以慰其心。"此诗描绘了驷马战车出征的场面，"业业""彭彭"都是用来形容驷马战车的雄健之貌。《小雅·采芑》记述了中兴之主周宣王组织军事演习的场景："薄言采芑，于彼新田，于此菑亩。方叔莅止，其车三千。师干之试，方叔率止。乘其四骐，四骐翼翼。"周宣王的一次演习就出动了3000辆战车，这在当时是很少见的，足见西周战车的规模和威势。

到了春秋战国时期，在诸侯争霸的局面下，战争的规模越来越大，所用战车的数量也越来越多，所谓"千乘之国""万乘之君"成为彰显国力的重要标志。每次爆发战争，都要出动上千辆战车。这在典籍中有不少反映。

《左传·昭公十三年》载："秋，公会刘子、晋侯、宋公、卫侯、郑伯、曹伯、莒子、邾子、滕子、薛伯、杞伯、小邾子于平丘。"公元前529年，晋昭公召集诸侯在平丘（今河南新乡封丘）举行会盟，为了示威，"治兵于邾南，甲车四千乘"。仅晋国就出动了战车4000乘，这次会盟出动的战车总数自然更多。《史记·廉颇蔺相如列传》载，赵国大将李牧率兵攻打匈奴，"具选车得千三百乘"。《史记·苏秦列传》对战国时期主要诸侯国的军事实力做了总结。燕:“带甲十万，车六百乘，骑6000匹。”赵:“带甲数十万，车千乘，骑万匹。”魏:“武士二十万，苍头二十万，奋击二十万，厮徒十万，车六百乘，骑5000匹。”楚:“带甲百万，车千乘，骑万匹。”秦:“带甲百万，车千乘，骑万匹。”从这些描述可以看出，战车的多少已成为当时衡量各国军事实力的重要指标。

三、车战的历史

《春秋左传》《史记》等史书中记载了很多车战实例，如公元前632年，晋、楚爆发城濮之战，晋军出动战车七百乘；公元前607年大棘之战中，郑国一次缴获宋国战车六十乘；公元前505年柏举之战中，秦国出动战车五百乘援楚抗吴；等等。

当时的一些诗歌也多有关于车战的描绘，如《楚辞·九歌·国殇》:“操吴戈兮被犀甲，车错毂兮短兵接。旌蔽日兮敌若云，矢交坠兮士争先。凌余阵兮躐余行，左骖殪兮右刃伤。霾两轮兮絷四马，援玉枹兮击鸣鼓。天时怼兮威灵怒，严杀尽兮弃原野。”车战之惨烈暴露无遗。

总之，基本可以断定，中国古代战车在西周时期开始成为战场的主角，在春秋战国时代达到了鼎盛。

四、古代车战的没落

大约在战国后期，车战开始走向衰落，战车的作用日益减小，车兵不再是战斗主力，而其他兵种尤其是骑兵的作用越来越大，最终以骑兵、步兵为主的军事编制取代了以战车为主的军事编制。到了汉代，车战几乎被淘汰，退出了历史舞台。

车战的没落是一个长期的变化过程，这个过程是曲折而前进的。据《左传》记载，公元前541年，晋国与戎狄在太原展开激战，主将魏舒因

西安兵马俑战车

地形险隘，战车不能铺开，决定“毁车以成行”，改为步兵作战。这一举动在当时遭到极大的阻力，魏舒不得不采取严厉措施，将反对放弃战车的人斩首，才得以顺利进军，并大获全胜。这一事件具有划时代的意义，它标志着车战开始向步战转移，不过这终究只是一次被迫改变作战方式的偶然事件，并没有从根本上动摇车战的地位。又据《史记·赵世家》记载，战国时期赵武灵王推行军事改革，以强硬手段废弃笨重的战车，改置骑兵。虽说这是车战转变为骑射的开端，此后也有不少国家仿效赵国，但是在相当长的一段时间内，战车仍占很大的比重，各国仍保持着一支庞大的战车部队，如战国末年赵国大将李牧编组的军队，仍把战车置于骑兵和步兵之前。秦灭六国以后，车战在国家的军事系统中依然发挥着重要作用，从秦始皇陵兵马俑坑发掘出土的大量战车和车兵，可以说明这一事实。而据《汉书》记载，即便是在楚汉相争时，战车也在战场上扮演着重要角色，如夏侯婴“破李由军雍丘，以兵车趣攻战疾，破之，赐爵执帛”。夏侯婴是当时屡建功勋的名将，善用车战。而到了汉武帝时，汉朝军队和匈奴军队多次交战，驰骋疆场的已经主要是骑兵和与之相配合的步兵，很少能够见到战车了。

战车之所以被淘汰，有着多方面的原因，其中最主要的是政治和军事因素。从政治上看，战车盛行的西周和春秋时期，军队编制以少数车兵为作战主力，徒兵作为辅助，车兵由奴隶主阶级成员担任，徒兵则主要由奴隶构成，车兵和徒兵之间的地位差异，反映出奴隶主和奴隶之间的贵贱之别，这与奴隶制度是相适应的。到了战国中期，封建制取代了奴隶制，传统的世卿世禄制被废除，实行军功爵制，不问出身和阶级，只要立有军功，就赏赐爵禄，这使得兵员成分发生了很大变化，新兴地主阶级成员和劳动阶级农民成为作战的主要力量，分别充任将吏士卒，这与奴隶社会的生产关系有着本质区别。在封建社会不可能再组建以战车为中心的军队，这就决定了战车终究要被淘汰。而从军事上看，车战虽有巨大的威力，但也有着致命的缺陷：战车形体庞大，十分笨重，车上的装备加上三个车士，重量在250公斤以上；结构复杂，不易制作，训练耗时；车轮高大，行进不稳，机动性差，不易转弯，在许多地方难以通行。《左传》中有不少战例表现了战车的局限，如公元前802年齐晋鞌之战，齐军大败，逢丑父驾车载齐侯逃跑，快到华泉时，由于骖马被树绊住停了下来，被晋将韩厥追及；又如公元前709年，曲沃武公攻打晋国都城翼城，在汾水边的洼地追击晋哀侯，晋哀侯所乘战车的骖马被东西羁绊，导致车子无法行进，最后车上的人都成了俘虏。兵书《六韬·大韬》专辟“战车”一节，对战车的使用范围做了总结，提出“车贵知地形”的观点，并说“凡车之死地有十，其胜地有八”，十死之地为：“往而无以还，车之死地也。越绝险阻，乘敌远行者，车之竭地也。前易后险者，车之困地也。陷之险阻而难出者，车之绝地也。圮下渐泽，黑土粘埴者，车之劳地也。左险右易，上陵仰阪者，车之逆地也。殷草横亩，犯历深泽者，车之拂地也。车少地易，与步不敌者，车之败地也。后有沟渎，左有深水，右有峻阪者，车之环地也。日夜霖雨，旬日不止，道路溃陷，前不能进，后不能解者，车之陷地也。”书中还阐述了适合使用车战的情况，并对战车的优势和缺点进行了比较全面的分析。

除了战车自身的缺点外，兵种的变革和武器的发展也加速了车战的瓦解。战国时出现了新的兵种——骑兵。相比于战车，骑兵快速、灵活，机动性和适应性远远超过战车，有着极大的优势，在这种情况下，战车衰亡显而易见。另外，战国时期已经使用可射数百步的强弩，能够远距离杀伤战马，阻止战车行动，《六韬·犬韬·战步》："步兵与车、骑战者，必依丘陵，险阻，长兵强弩居前，短兵弱弩居后，更发更止。"大意是说步兵与战车交战时，把长兵器和强弩配置在前，把短兵器和弱弩配置在后，轮流战斗，反映出强弩是对付战车的有力武器。战车有克星，也是导致其消亡的一个原因。

战车退出战场，可以说是历史的必然。尽管战车衰落了，但它曾经的辉煌始终映照史册。

第二节　战车名称及种类

我国古代的战车名称纷杂，种类繁多，按照功用的差别，分为攻车、守车和辎重车三大类。下面分别述之。

一、攻车

攻车用于冲锋陷阵，常见的种类有轻车、冲车、戎路和巢车等。

1. 轻车

轻车是一种善于奔驰和冲击的战车，适用于多种战术，是战场上往来厮杀的主要车种。《孙子兵法·行军篇》载："轻车先出居其侧者，陈也。"《战国策·齐策·田忌为齐将》："使轻车锐骑冲雍门。"《孙膑兵法·擒庞涓》:“请遣轻车，西驰梁郊。”都表明了轻车的作用。轻车的车轮较高，车厢较短，没有巾盖，一般由四马驾驶，可以乘三人。轻车之所以采用高轮，有两个原因，一是大轮的速度快，二是驾驶的马匹高大，戎马高八尺者，车轮必须为六尺六寸。轻车又名輶车，因无巾盖而车舆浅小又称小戎，因毂甚长又称长毂。在许多史书上，轻车还被称为战车，如《孙子兵法·行军篇》张预注:“轻车，战车也。”《宋书·卷十八》:“轻车，古之战车也。”

2. 冲车

冲车也叫临车，属于重型攻击车，用来冲散敌阵、撞击车马人员，增强杀伤力。冲车的辀端箍金属箍套加固，轴端安装带刃軎，衡端装有刀、剑、矛、戟等武器，车厢上覆盖皮革或安装金属板片，用来防御刀斫箭射。冲车早在商代末年就已经问世，并在考古遗址中有所发现，如河南淮阳马鞍冢战国楚墓4号车舆后半部镶有80块铜甲板，是金属装甲冲车的宝贵实物。冲车因凶猛威武而被称为“武车”“武冲”。战国时期出现了一种“武冲大扶胥”，体型庞大，车上设有大盾，除了安装矛、戟之外，还装有能连续射击的“绞车连弩”，两旁配备手持强弩矛戟的勇士作为羽翼，冲杀力更强。

3. 戎路

戎路是君王临战的乘车，因建有旄牛尾制作的指挥旗又被称为旄车，是《周礼》中记载的“五戎（五种兵车，分别指戎路、广车、阙车、苹车、轻车）”之一。周王室衰微后，诸侯皆乘戎路，戎路不再是君王的专用车。不过进入封建社会后，又规定戎路为君王所用，统称为戎车。汉代的戎车，形制与立车相似，车轮辐条为红色，有双重牙辋，毂外复有一毂抱辖，毂外再复设一辖。车厢上绘有金龙，车轼上雕刻文虎，衡上立着鸾雀，轭上有龙首。西晋时，戎车由四马牵引，车上设金鼓、羽旗，车轼上置弓弩。后来，戎路不再仅限于君王乘用，渐渐发展成军中一种主要的战车，如隋炀帝征伐高丽时曾令河南、淮南、江南造戎车五万乘。正由于戎路不再是君王的专用物，隋唐以后史籍中再也没有戎路的描述，帝王亲征主要乘坐革辂。

4. 巢车

巢车是一种高型战车，因高于鸟巢而得名，又因居高凌空如楼故而称楼车、飞楼。据史书记述，至少在春秋时期巢车就已经在战场上使用了。《左传·宣公十五年》中载："（解扬）登诸楼车，使呼宋而告之。"《左传·成公十六年》中载："楚子登巢车以望晋军。"均是巢车使用的实例。巢车主要用来观察战场上敌方的阵形和兵力部署等情况，以达到知己知彼，争取战斗胜利的目的。《李卫公兵法》记述，巢车有 8 个轮子，车上立有高竿，竿上有辘轳，用绳索挽板屋升上竿头。板屋高五尺，方四尺，四周设有 12 个观察孔。车可以进退，也可以环行，用来远望。这是后世巢车的形制，可以据此推想出古巢车的形制。

二、守车

守车是用来防御的战车。古代的战车兼有攻守的功能，必要时攻车也可以用于防守。守车主要有苹车、广车、武刚车等类型。

1. 苹车

苹车主要起掩蔽自己、防御敌人的作用，《周礼·春官宗伯·车仆》载："苹车之萃。"郑玄注曰："苹，犹屏也，所用对敌自隐蔽之车也。"苹车的这种功能和古代的战术有关。先秦时期，行军打仗都要在驻地周围构筑防御土墙，称为"垒"，如果短时间内不能筑垒，就要把车连接起来组成屏障。如 1950 年河南省辉县琉璃阁第 131 号魏国车马坑发掘的十九辆木车，就是用苹车搭建的一道屏障。十九辆木车分为两行排列，辕舆相搭，车轮切联，按照同一角度仰列在坑中。这就是《周礼·天官·掌舍》中提到的“车宫”。此外，苹车也可以用来摆阵，世传有《孙子八阵图》，郑玄《周礼注》中说，孙子八阵有“苹车之阵”。因此，历代用兵作战，都离不开苹车的作用。《汉书》记载，西汉大将卫青和李陵北征匈奴，“军居两山间，以大车为营”。《三国志·魏志》：“（曹操）连车树栅，为甬道而南。”裴松之注曰：“今魏武不筑垣墙，但连车树栅以扞两面。”这一阵术直到隋唐时期仍在沿用，《资治通鉴》记述，大业三年（公元607年），隋炀帝准备出巡塞北，临行前大宴群臣，商讨巡游队伍前进的方式，太府卿元寿提出“分为二十四军，日别遣一军发，相去三十里，旗帜相望，钲鼓相闻，首尾相属，千里不绝”，定襄太守周法尚觉得此法不妥，认为兵互千里，道路阻长，对隋军不利，主张将巡游队伍“结为方阵，四面外拒，六宫及百官家属并在其内，若有变起，所当之面，即令抗拒，内引奇兵，出外奋击，车为壁垒，重设钩陈”。周法尚所说的战术与苹车之阵极为相似，可见苹车历代通用。

2. 广车

广车也是一种防御战车，《左传》《战国策》《史记》等文献中都有关于广车的记载，郑玄注曰“横阵之车”，意为纵横排列的车辆。广车在《广雅》《说文》《尔雅》等辞书中注为大车。广车和苹车一样，也可以用来布阵。布阵时，先派出阙车在东西两翼警戒，然后派出广车横列在阵前，接着出轻车，依次在阵后列队。除了用于防御外，广车还能作攻击之用。

3. 武刚车

武刚车是汉代时用来防守御敌的战车。最早使用武刚车的是西汉大将军卫青。《史记·卫将军骠骑列传》记载：元狩四年（公元前119年），汉武帝派大将军卫青、骠骑将军霍去病兵分两路攻打匈奴，卫青的部队出塞一千多里，与单于的骑兵正面相遇，卫青“令武刚车自环为营，而纵五千骑往当匈奴”。将多辆武刚车环绕布成阵营，组成坚固的堡垒，发挥横陈防御的作用。武刚车也可以用来运送士兵、粮草和武器，此外还可以作为攻车使用。用于攻车时，车身上要覆盖牛皮犀甲，安装长矛、盾牌等武器。有的武刚车上开有射击孔，弓箭手可以在车内通过射击孔向外射箭。武刚车的作用，正如《后汉书·舆服志》所云：“武刚车者，为先驱。又为属车轻车，为后殿焉。”

三、辎重车

辎重车是运载军用物资的战车，一般有大车、柏车、广车、辇等类型。

大车也称重车，主要运载粮草、衣物、器械、财货等物资，载重量可达三十石。大车由牛牵引，《孙子兵法·作战篇》称其为“丘牛大车”。据《考工记·车人》描述，大车的形制不同于轻车，有两根直辕，车毂较短，轮高九尺，车厢纵深八尺、宽六尺，轨距为八尺。驾驶大车的是军中地位卑贱的“厮徒”。

柏车是行于山地的牛车，郑玄《周礼注》为“山车”。柏车的形体小于“平地任载”的大车，但车毂长于大车，为三尺。广车也称輂，是驾马的辎重车。辇是人力驾挽的辎重车，由徒役挽拉，用来运载工具和兵器。兵书《司马法》中说：“夏后氏二十人而辇，殷十八人而辇，周十五人而辇。”

辎车上设有帷盖和门窗，可以遮风蔽日。除了载物，辎车也可以供人坐卧休息，战国军事家孙膑就常常坐在辎车中出谋划策。

第三节　战车装备

战车作为古代一种先进的作战工具，具有速度快、战斗力强等特点。战车优势的发挥，客观上取决于装备水平的高低。一辆普通的战车，常见的装备有车士、挽马、兵器和指挥用具等。下面逐一对它们进行介绍。

一、战车灵魂——车士

车士亦称甲士，是战车的灵魂、军中的精锐。车士指的是战车上的战斗人员，通常每辆战车配置三名车士，按左、中、右的顺序排列。《尚书》记载："兵车之法，左人持弓，右人持矛，中人御。"左侧的车士手持弓箭，负责远距离射击，是一车之首，称为"车左"；右侧的车士执矛，负责近距离短兵格斗，并承担为战车排除障碍的职责，称为"车右"，又称"戎右""参乘"；居中的是驾车的御者，只随身佩带自我防御的短剑。

车士通常由贵族阶层男性成员充当。上自天子、公卿、诸侯，下至大夫和士，都曾上战车当过车士，不同的是位尊者担任车左，位卑者担任车右和车御而已。车士的选拔非常严格。所选车士必须年轻力壮、身手敏捷，还要拥有高超的驾驭技术和射击本领，并能熟悉使用各种武器。选出的车士还要时常进行御艺、射艺的练习。因此，当时高明的驭者和射者深受人们推崇，社会地位很高。

车士在先秦史籍上多有留名，据统计，《左传》中收录的车士就有 71 组。如《左传·僖公三十三年》记述"殽之战"，晋襄公的战车由"梁弘御戎，莱驹为右”;《左传·哀公十一年》中说齐国进攻鲁国，鲁国“孟孺子洩帅右师，颜羽御，邴洩为右；冉求帅左师，管周父御，樊迟为右”。三车士常常因战功卓著而获得职位的提升，如《左传·闵公元年》记载，晋献公发兵攻打耿、霍、魏三国，“赵夙御戎，毕万为右”。凯旋后，晋献公将耿地赐给赵夙，将魏地赐给毕万，并封二人为大夫。

每辆战车除车上的三名车士外，车下还跟随有一班徒兵，即步卒。作战时，车士站在车上，徒兵跟在车下，两方以战车为中心，协同进行战斗。

知识链接

射御

射箭和驾车在古代车战中非常重要，是车士必须掌握的军事技术。古人十分重视射箭和驾车，把它们和礼仪、音乐、识字、计算并称为“六艺”，作为学校的必修科目。西周时，将射箭纳入礼仪的范畴，形成了射礼。射礼有“大射礼”和“乡射礼”，大射礼的适用对象是天子、诸侯，乡射礼的适用对象是卿大夫、士和平民。不同的射礼有着不同的礼仪程序。驾车需要掌握五种方法，即“鸣和鸾”“逐水曲”“过君表”“舞交衢”“逐禽左”，合称“五御”。“鸣和鸾”指的是马车行进时，车上的“鸣”和“鸾”要发出统一协调的声音。“逐水曲”指的是能在水边沿着曲折的道路行驶，而不落入水中；“过君表”是说驾车经过辕门时，车子要正好从中间经过；“舞交衢”意为在十字路口转弯时，能够旋转适度，驱驰自如；“逐禽左”表示驾车田猎时，能够将猎车驾到禽兽的左侧，方便车上的弓箭手射杀。

二、动力装备——挽马

战车的奔驰速度直接关系车战的成败，而战车速度的快慢主要取决于挽马。挽马是战车的动力装备，因此在战车时代，人们对挽马的数量、质量、马具和系驾方法等十分重视。

文献资料和考古发现显示，随着车战的壮大和兴盛，战车挽马的数量日益增多。《诗经·国风·鄘风·干旄》疏引王肃曰："古者一辕之车驾三马则五辔，夏后氏驾两，谓之丽。殷益一骈，谓之骖。周又益一骈，谓之驷。驷者，一乘四马，两服两骖是也。"原诗中依次有"良马四之""良马五之""良马六之"等句，说明驾车之驷又有增益。由于先秦时期车子多为独辕，马只有驾在车辕两侧，才能使车体保持平衡，便于车辆行进，所以挽马的数量一般为二、四、六，也就是每侧 1、2、3 匹马。大体上说，商代时盛行二马驾挽，商末出现四马驾挽；西周以后盛行四马驾挽，春秋时期出现六马驾挽，到了战国，挽马的数目更多。马多便于载驰，但容易使马遭受杀伤，只要有一马受伤或死亡，就会造成战车暂时停顿，甚至对战局产生不利影响；而马若为单数，则不利于保持平衡和方向，因此驷车成为古代战车的基本形式。

挽马的质量主要是根据马的身高和大小作为评判标准的，一般来说，形体高大的马匹力强、善奔、耐劳，属于上等马。高头大马常常被人们冠以美称，如称八尺以上的好马为"龙马""龙驹"。古代战车挽马主要使用龙马。《考工记》中记载，战车衡高八尺七寸，马高八尺，加上轭高，战车正好保持平衡，便于车士用武。古代战车挽马之制要求齐力齐色。所谓"齐力"，是指同一辆战车要选用习性相同、足力相等的挽马，以便协力齐驱，使战车发挥载重疾驱的优势。《诗经·小雅·车攻》："我车既攻，我马既同。"郑玄笺："同，齐也。"不齐就会相互影响，劣者跟不上优者的脚步，必然导致车速减缓，载力下降。为了确保齐力，古人十分重视对“自产”和“异产”的辨别，尽量选择本国出产的马匹。国家还安排专职人员驯养军马，训练马匹的驾挽技能、闻声不惊的习惯等，当马匹能够听从命令，达到人马相亲的程度，就可以将其作为战车挽马了。“齐色”，是指同一辆战车挽马的体色要一致。《诗经》中提到的“驷驖孔阜”的“驷驖”（四匹赤马同驾）、“四骊济济”的“驷驖”（四匹黑马同驾）等皆体现了“齐色”的原则。齐色的目的是增加车马的壮丽光彩。主帅的战车挽马要使用本朝崇尚的颜色，其他将士的战车挽马颜色适宜即可，如《礼记·檀弓上》记载：“夏后氏尚黑，大事敛用昏，戎事乘骊，牲用玄。殷人尚白，大事敛用日中，戎事乘翰（白马），牲用白。周人尚赤，大事敛用日出，戎事乘騵，牲用骍。”春秋战国时期，齐色不再是一种定制，这时出现了不同颜色的马匹同驾一车的景象，如《诗经·国风·秦风·小戎》：“骐駵是中，騧骊是骖。”駵，同“骝”，为红黑的马。大意为青、红、黄、黑四种颜色的马，驾着一辆车驰骋，也不失为一种美景。

多马共驾一车，驾乘方法的关键在：第一，要保证所有挽马各尽其力，没有劳逸不均现象；第二，要保证所有挽马坚守岗位，协进而不乱套；第三，要保证所有挽马听令行事。可是，马再怎么聪明“通人性”，终究只是动物。尤其是在战火连天、车鼓雷动、飞箭如雨的沙场上，连人都会心胆俱裂、晕头转向，更何况是马呢！为了使挽马时刻能够尽力、协进、听从命令，古人煞费苦心，在马身上安装使用了种种器具。不过是否能够达到目的，关键还不在于马具，而是要看驾车者的驭术如何。一车六马，内外辔十二根，驾车者怎样操纵，不得而知，不过却能想见其难度。要知道四马八辔，驾车者“六辔在手”，左右手各执三辔，已经十分困难了。可以说，古代的战车御者并不好当，只有那些御术极其了得的人方能胜任。

相马术和相马家

马匹在战争中的重要作用，使古人格外看重马匹的质量，由此古代兴起了一门重要学问——相马术。相马术始于商代，在甲骨文中可以看到相马的记载。西周至春秋战国时期，相马术达到兴盛期，涌现了一大批相马名家。相马家常从马匹的外形如头、眼、耳、鼻、口、齿、蹄、鬃、尾等方面来鉴定马匹的优劣，选出优良的品种。伯乐和九方皋都是先秦时期的相马高手，历史上流传着许多关于他们的事迹。

伯乐本名孙阳，郜国人。他自小怀有高远的志向，热衷于相马技术。他感到在小小的郜国很难有所作为，于是便毅然远离故土前往更大的国家。历经诸国，最后西出潼关，到达秦国，成为春秋五霸之一——秦穆公之臣。当时秦国经济发展以畜牧业为主，多养马，极为重视培育马匹和挑选良马一事。孙阳凭借其超绝的相马技术，在秦国富国强兵中立下了汗马功劳，并以其突出的成绩得到秦穆公信赖，被秦穆公封为“伯乐将军”，随后以监军少宰之职随军南征北战，在工作中尽职尽责，并以“伯乐”之名传颂天下。伯乐还有理论著述《相马经》传世，这是我国最早的相马术著作。伯乐暮年之时，向秦穆公推荐了九方皋。九方皋为秦穆公相马三个月，寻到了一匹天下少有的千里马。

三、战车形形色色的武器装备

战车的武器装备是否齐备精良，直接决定了战车的杀伤威力。大量的文献资料和考古发现使我们对先秦时期各种各样的武器有了大致的了解。

战车的武器装备主要有远射兵器、格斗兵器和防卫武器。

远射兵器有弓、弩和箭。一般来说，一辆战车配给两张弓，将弓置于弢中，佩在车左身或悬挂在舆左侧；弩是装有臂的弓，战国末期出现了用脚踩踏来发射的蹶张弓和可以连续射击的连弩，还有一种杀伤力更强的、用绞轮发射箭矢的连发弩——绞车连弩。

格斗兵器有戈、矛、戟、殳、长刀、剑等。戈是一种兼具啄、勾两种功能的兵器，车兵使用的是长柄戈（5.3米以上），步兵使用的是短柄戈（约2米）。戈是具有鲜明的中华民族特色的兵器，除了我国周边国家受中国传统文化影响使用过外，其他地区都未发现这种兵器。矛是用来刺杀敌人的长柄兵器。矛柄根据长度的不同，分为酋矛和夷矛两类，酋矛约4.6米，是步卒的武器；夷矛约5.5米，是车士的装备。戟是戈、矛的结合体，同时具有勾、啄、刺的功能，杀伤力很强，深得兵家赏识。殳是竹木制成的、起打击作用的长柄兵器，顶端带矛，有棱无刃。剑属于短兵器，由金属制成，前端尖，后端有柄，主要用来击刺，是各级指挥官和贵族的防护装备。除了以上几种兵器，格斗武器中还有长刀、铍、铩、鋋等，但它们都不是军队的重要装备。

防卫武器以盾、甲、胄为主。盾是掩蔽身体、抵御刀箭的防护装备，往往和剑、戈、戟等格斗兵器配合使用。商周时期的盾也叫作干，人们常常将它和戈并举，作为兵器的通称，“干戈”还引申为战争。西周的盾与商代的一样，由皮革与木材制成，分为步兵用和车士用两种形制。盾一般挂在车厢旁边，战斗时车左和车右

兵马俑甲胄

各持其一；重型战车则在车厢两侧装橹（一种又厚又大的盾牌），“排敌御攻”。甲是将士作战时穿的护身衣服，可以防御敌人兵器的伤害。甲由皮革和金属叶片制成，绝大多数甲是皮甲。商代的皮甲是用整块皮子做成的，穿在身上很不方便，不利于战斗的动作，到了西周时，对甲进行了改造，用丝织成专用组带，将每块甲皮联缀成甲，称为组甲，主要保护上身、肩部和上臂，以不影响战斗的动作。金属甲主要是铜甲，在不少商周墓穴遗址中能够见到铜甲的形象，如铜胸甲、铜腿甲等。胄即头盔，商代后期和西周时期的胄均为铜制，胄体前部遮至眉际，左右和后部向下延伸，可以保护耳朵和颈部免受伤害。

知识链接

马甲和马胄

古代车战中，除了将士身穿防护装备外，驾车的辕马也常常披蒙甲胄，加以保护。马的甲胄主要是皮质，也有青铜制成的，分为马胄、胸颈甲和身甲三部分。马胄形似马面，耳、眼、鼻部位开孔，用以保护马的头部。胸颈甲由横竖几排甲片连缀而成，挂在马的胸颈前。身甲也由甲片构成，披在马背上，向下遮住两肋，用来保护马的躯干。根据考古遗址出土的竹简来看，马甲还有彤甲、画甲、漆甲、素甲等种类。文献中也有给服马蒙上虎皮作战的记载。马甲和马胄的出现，说明战车成为战争的主要力量，也反映出车战的惨烈。

四、车战的指挥器具——鼓、金、旗

鼓、金、旗是古代战争的指挥用具，人们把它们称为“三官”。

鼓本是一种打击乐器，按照使用者身份的尊卑分为五种，依次是路

鼓、贲鼓、晋鼓、提鼓、鼙鼓。路鼓四面鞔革，形体硕大，为天子所用；贲鼓两面鞔革，腹阔声宏，为诸侯所用；晋鼓两面鞔革，大而短粗，为军将所用。提鼓形小可提，是师帅使用的；鼙鼓形小体轻，是旅帅使用的；提鼓和鼙鼓在骑兵兴起后都变为马上战鼓。古时车战的主帅是根据不同鼓声指挥作战的，如《司马法·严位》中提到七种鼓法："凡鼓，鼓旌旗、鼓车、鼓马、鼓徒、鼓兵、鼓首、鼓足，七鼓兼齐。"冲锋陷阵一般击鼓三通，一通三百三十三槌，击鼓一通，冲锋一次。击鼓需要选择恰当的时机，才能鼓舞士气，克敌制胜。如齐鲁长勺之战中曹刿在齐人三鼓气竭后命令擂鼓冲锋，使得士气高涨，最终取得战争胜利；宋楚泓水之战中宋襄公迟迟不击鼓杀敌，结果兵败身亡。《诗经·邶风·击鼓》："击鼓其镗，踊跃用兵。"《荀子·议兵》："闻鼓声而进。"主帅击鼓进兵，鼓声是进攻的信号，也是激励士兵杀敌的乐章，直接关系到战争成败，因此即使战事再惨烈，也不能轻易停止击鼓。《左传》描述，鲁成公二年（公元前 589 年），齐晋在鞌地（今山东济南）对战，晋军主帅郤克被箭射伤，"流血及屦，未绝鼓音"，给他驾车的解张鼓励他说："师之耳目，在吾旗鼓，进退从之。……吾子勉之！"解张将右手所执辔绳移至左手，用右手接过郤克的鼓槌击鼓。马车向前直冲，全军紧随其后，最终大获全胜。

金是铎、錞、镯、铙等金属指挥用具的统称。铎是一种大铃，是主帅向鼓人发令使用的，为"通鼓之金"。錞或称錞于，是铜制打击乐器，形状如圆筒，上大下小，为"和鼓之金"，与鼓合击同一拍节，用来指挥进退。镯是钟状的小铃，为"节鼓之金"，《周礼·地官·鼓人》载："以金镯节鼓。"郑玄注："军行，鸣之，以为鼓节。"铙也称执钟，形似铃而无舌，铙为"止鼓之金"，铙鸣则鼓止，鼓止则军停，铙再鸣则军退。

旗主要由縿（shān）、斿（liú）、旆（pèi）、杠组成，通常斜插在车厢的后部，标明车主的身份、等级、统属。縿为正幅，幅面上绘制表示职别的不同物像，竖直附在旗杆上端。斿是悬垂在縿上或直接系在杆上的飘带，其数目的多寡体现了爵位级别的高低。旆是縿末（侧）形如燕尾的附帛，可以随时取、佩。縿佩旆是即将开战的象征。杠就是旗杆，以“仞”数多寡表示爵级。据文献所载，旗帜大致包括九种，分别是常、旂（qí）、旃（zhān）、物、旗、旟（yú）、旐（zhào）、旌、旞（suì）。常即太常旗，为天子所用，縿上画日月交龙。旂是上绘交龙并有铃铛的旗子，为诸侯专用。旃是孤卿所用、縿为红色、不画物像的旗子。物是一种杂色旗，不画物像，供大夫和士使用。旗是各级军吏使用的画有熊虎的旗帜。旟是朝中官员的用旗，上面画鸟隼。旐是郊野官吏用的旗，上有龟蛇图案。旌和旞都是杆顶用鸟羽或牦牛尾做装饰、没有幅面的旗帜，二者的差别在：旞上装饰的是全羽，为天子道车所建；旌上装饰的是析羽，为将帅或充当先锋的勇士所用。因“熊虎之旗”与“析羽之旌”均为战旗，所以古人提及战事常常将旌旗连用。不同的旗帜根据礼制使用不同的颜色，如周代尚赤，赤为正色，所以天子所用太常旗为朱色（深赤色），等等。

第四节　车战规则与阵形

一、车战规则

先秦以前，尤其是西周和春秋时期，敌我双方进行车战，往往讲求规则，从发兵出征到正式开战，有一套完整的礼仪程序，如卜战、誓师、战祷、致师等。

古人出师前，首先要祭祀祖先，进行占卜，预测吉凶，称为“卜战”。卜战之前，有时君王会和手下的大臣武将一起商议作战方案，称为“合谋”，合谋结束后再进行卜战。《左传》中有不少关于“卜战”的记载，如公元前489年，吴国攻打陈国，楚昭王想要出兵助陈，卜战时却十分不利，呈不吉之象，但楚昭王还是坚持出征，最后死在城父（在今安徽亳州）。

卜战之后，若呈大吉之象，就要举行隆重的誓师仪式，即全军列队，主帅宣示作战意义，相当于发布战斗动员令。誓师的目的在于激发战士的战斗热情，严明纪律与作风，争取战争的最后胜利。如武王伐纣时在牧野举行盛大的誓师，武王左手拿着黄色大斧，右手拿着系有牦牛尾的白色旗帜，鼓舞参战的将士举起武器讨伐商纣，希望大家奋勇前进。誓师结束后，武王率领大军逼近商朝国都，最终推翻了商纣的统治。

誓师之后，还要祈求天地、先祖、鬼神的庇佑，称为“战祷”。这一环节常常用佩玉作为祭品，要求参战的每一位成员都要参加。战祷的目的主要在于寻求心理慰藉，提升士卒的斗志。

战祷完成以后，便开始击鼓进军，前往目的地。到达后，首先安营扎寨，称为“次”或“舍”，如晋楚城濮之战时，晋军“次于城濮”，楚军“背郄而舍”。然后是约战和请战，确定作战时间和地点，如晋齐鞌之战前，齐国使者到晋国军营请战，说：“子以君师，辱于敝邑，不腆敝赋，诘朝请见。”大意是：“您率领贵国君主的军队光临敝邑，敝国的兵力不雄厚，请在明天一早相见。”晋军主将郤克应允，说：“能进不能退，君无所辱命。”双方决定第二天早晨展开战斗。

在正式开战前，往往还有“致师”的行动，就是选派勇士去敌军营垒前进行挑战，其目的在炫耀武力，显示必战的决心。如晋齐鞌之战前，齐国勇士高固只身杀入晋军营垒，用石块砸击晋军，并擒其人、获其车而归。如果是重要战役，则由王指派专人执行致师，如牧野之战时，“武王使尚父与伯夫致师”，尚父即姜子牙。

“致师”之后，战前的所有流程结束，双方排列好阵势，准备开打。这是车战中十分重要的一个步骤。因为当时车战受地形条件制约甚大，所以通常将地势开阔、便于大量战车集结展开的平原地带作为战场。一般情况下，两军摆好阵仗后便开始击鼓进军，相距较远时用弓箭对射，两车逼近时错车格斗。错车都需要遵守一项规定，即用己车的右侧去错迎对方来车的右侧，这也是车右要使用长柄兵器格斗的原因。在车战的战场上，不能攻击受伤者和年老的士兵，也不能丢下伤亡人员不管。以上这些车战规则，都可以在相关的战例中看到，如历史上著名的泓水之战、河曲之战等。

公元前 638 年，宋国和楚国约战于泓水北岸。临战之际，宋军已经布好阵形，而楚军还在渡河中。宋国司马见状，对宋襄公提议：“楚军人数众多，而我军兵力较少，不如趁此良机打击楚军，我方必然取胜。”宋襄公没有答应。楚军全部上岸但还没有摆好阵形时，司马再次请求出击，宋襄公又拒绝了。等到楚军列阵完毕，双方交战，宋军因寡不敌众而大败，宋襄公自己也受了重伤。事后，宋襄公给出四个理由：“不鼓不成列”“不以阻隘”“不重伤”“不禽二毛”。“不鼓不成列”就是不打没有摆开阵势的敌军，换言之就是要等敌军摆好阵形以后才鸣鼓出击。“不以阻隘”即不凭借险隘的地形阻击敌人。这一规则跟车战受空间限制的特点有关，战车作战要选择在开阔的平原进行，地势险隘处是无法展开车战的。泓水之战中，楚军渡河相当于处于“阻隘”，不能发挥出战车的正常功能，因此宋襄公拒绝在其渡河之时发动攻击，执意等到楚军登岸后再行进攻。“不重伤”和“不禽二毛”则体现了人道主义精神。宋襄公宁可坐失两次战机也要维护车战秩序，这在当时受到不少人的批评，也招致了后人的嘲笑讥讽，认为他沽名钓誉、保守迂腐。不过史籍中却对宋襄公评价颇高，《公羊传》称赞他“正也”，并认为他在战争中恪守规则礼仪，是继承了周文王的车战传统，《史记》也称其“有礼让也”。

《左传·文公》记录了河曲之战的经过：秦军和晋军交战于河曲，双方打了一天也没有分出胜负。秦国使者来到晋军营地，与晋军约定次日再战。晋军将领臾骈从秦国使者的言行、神态猜到秦军即将撤退，便提议夜间出兵，将秦军逼到黄河边上击败他们，结果遭到晋军另外两位将领胥甲、赵穿的反对，二人声称：“死伤未收而弃之，不惠也；不待期而薄人于险，无勇也。”意思是，把伤亡人员丢在一边不管是不人道的行为，不按约定时间进军且凭借险要地势攻打敌人是无勇的表现。臾骈被说得哑口无言。于是晋军没有再出击，就这样放过了战胜的时机，让秦军趁夜溜走了。可见，春秋时期的车战在礼乐文明的笼罩下，有一些为各国所共同遵守的规则。

到了战国时期，西周以来讲求的礼乐制度逐渐遭到践踏，以至于最后全盘崩溃。此时，传统的车战规则也随着“礼崩乐坏”而瓦解，兵法谋略摆上日程，诡道成为战争的主旋律。

二、车战阵形

古代车战部队出行或战斗都讲究阵形。阵形种类繁多，《孙膑兵法·十阵》中总结了十种常用的战阵，包括方、圆、疏、数、火、水、锥行、雁行、钩行、玄襄之阵。此外，古籍中还记载有五阵、八阵、鱼丽阵、荆尸阵等阵形。这里主要介绍几种常见的战阵。

1. 方阵

方阵即方形的阵势，是最古老的车阵之一。这种阵形早在商代时就已经产生，特点是“前后整齐，四方如绳”。方阵属于进攻队形，士兵排列成整齐的长方形或正方形队列，以正面对向敌军。孙膑说：“方阵之法，必薄中厚方，居阵在右。”意思是说，布设方阵，中心的兵力要少，周围的兵力要多，将领的指挥位置靠后。这种布阵方式，便于防守，且能够有效保证指挥者的安全。方阵的规模大小不一，据学者研究，春秋时期最小的方阵单元由 25 名士兵组成，为 5×5 的小方阵，其中横排的 5 名士兵使用一样的武器，纵排的 5 名士兵使用不同的武器。若干个这样的小方阵，组合成了一个大方阵。在大规模的车战中，一个大方阵往往有万人左右。

2. 雁行阵

雁行阵又称为“鸟阵”，是仿照大雁飞行之状布设的阵形。大雁飞行有时呈“一”字形，有时呈“人”字形，战阵模拟的是“人”字形队列。《墨子・明鬼下》载：“汤以车九两，鸟陈雁行。汤乘大赞，犯遂下众，人之螭遂。”由此可知，夏末商初就已经有了雁行阵。商代末年武王伐纣时，车战的队形采用的也是雁行阵。此战阵十分灵活，对地形没有限制，各车之间可以根据情况自由调整，将箭术最好的战车排在“雁头”位置，横冲直撞，左右两翼及中部负责掩护。雁形阵的战斗力很强，对于步兵来说，有着碾压式的杀伤力。

3. 鱼丽阵

鱼丽阵产生于春秋时期，是为对付雁行阵而设计的阵形。此阵以战车为中心，以步兵为羽翼，车、兵相互配合，协同作战。在鱼丽阵中，战车就像渔网上的结，战车间的缝隙犹如渔网上的网眼，而步兵相当于鱼。整个阵形如同鱼队，因此得名鱼丽阵。鱼丽阵一般用来防守敌军，但有时也用此阵形展开进攻。《左传》记载：春秋初年，郑国强盛，企图在中原地区建立霸权，引起周桓王不满。周桓王于是亲自领兵讨伐郑国，郑国以“曼伯为右拒，祭仲足为左拒，原繁、高渠弥以中军奉公，为鱼丽之陈，先偏后伍，伍承弥缝”，抵抗周王室的军队。当时，郑国的军队一军五偏，一偏五队，一队五车，五偏五方构成一方阵，偏师居前，队伍居后，以伍弥补偏的空隙。结果，郑国凭此阵形取得了胜利。这是先秦战争史上最早在具体战役中使用这一阵形的记载。

4. 荆尸阵

荆尸阵是春秋时期楚武王熊通创造的一种阵法，《左传·庄公·庄公四年》载："四年春，王三月，楚武王荆尸，授师孑焉，以伐随。"杜预集解："尸，陈也。荆亦楚也，更为楚陈兵之法。"明代何良臣在《阵纪》中介绍了荆尸阵的编伍方式："楚武王以山泽车少人多，五十人为两，百人为卒，十五乘为偏，偏后别有游阙，以三军为正列，左右二广为亲戎，而列荆尸阵也。"荆尸阵分为卒伍阵列之法和行军在途之法。楚国的军队分为上军、中军和下军，其中上军和下军为左右前拒，也称左军和右军，中军位于中央，左右两侧分别有亲兵本队一偏，组成方阵。大阵后有游兵往来补缺。进军途中，前军为先锋，头戴茆草为号，右军挟辕为战备，如果左军丢掉茆草，则表示前军遇敌，于是急追而进，后军加强后备殿后。行军途中，阵形已经列成。荆尸阵的出现和应用具有深远意义，对其他国家的车阵产生了巨大影响，各诸侯国纷纷对其进行改进，使之成为既适合行军又具有作战功能的车阵。

第四章

文明的体现：车与礼仪规范

第一节　车是等级秩序的象征

古代中国是等级森严的阶级社会，等级观念渗透在社会的方方面面，贯彻衣食住行等日常生活领域。“车”作为“行”的重要组成部分，自然也受到等级观念的制约。这一节主要从车的构件、装饰、级别等方面，来探讨等级制度对车文化的影响。

一、物饰、车色与尊卑

古车的构件、装饰无不体现着尊卑之别。就拿车盖来说，华贵的马车上常常建有车盖，蒙覆缯帛之类的盖帷，用以表现车主的尊贵。车盖只允许大夫以上级别官员及贵夫人使用，非贵人不可用盖。因此后人将“冠盖”作为达官贵人的代称。又如繁缨，繁指马腹带，缨指马颈革，这是古代天子、诸侯所用的车马装饰，卿大夫以下官员除特赐外不可擅用。《左传》中记载了这样一件事：公元前589年，卫国和齐国在新筑交战，卫国战败，主帅孙桓子面临生命危险，新筑人于奚把孙桓子救了下来。事后，卫国君臣为了报答于奚，要赏赐封地给他。于奚拒不接受，请求赏赐"曲县""繁缨"。"曲县"是诸侯才能使用的乐器，"繁缨"亦是诸侯所用。于奚竟敢提出这个要求，而卫国君臣竟然还答应了。孔子听说此事后，叹息不已："惜也！不如多与之邑。唯器与名，不可以假人，君之所司也。名以出信，信以守器，器以藏礼，礼以行义，义以生利，利以平民，政之大节也。若以假人，与人政也。政亡，则国家从之……"孔子认为宁可多赐给于奚一些封地，也不能把"曲县""繁缨"这两样器物赏给他，因为它们是君主权力的象征，其中包含着"礼"，而"礼"是为了实现"义"，如果随便将这两样东西送给别人，无异于把政权转让了出去，而政权一旦没了，国家也会随之灭亡。孔颖达注疏亦曰："器，车服。名，爵号。礼明尊卑之别，车服所以表尊卑。车服之器，其中所以藏礼。言礼藏于车服之中也。"繁缨虽小，却藏着重要的礼制，标识着尊卑。可见，这繁缨不可以随便使用的。

车的颜色和花纹也表现着尊卑思想。《周礼》规定：天子五辂，王后五辂，"孤乘夏篆，卿乘夏缦，大夫乘墨车，士乘栈车，庶人乘役车"。王室成员的乘车为五色、黄色或绿色。诸侯乘用的"夏篆"，车绘五彩，并雕刻花纹。卿乘用的"夏缦"，有五彩之色涂绘，但没有花纹。大夫乘用的"墨车"，油漆成黑色，也不雕刻花纹。而士乘用的"栈车"更为简单，只是用油漆的竹木做成车棚。至于庶人使用的"役车"，连油漆也不用，更别说彩绘和雕刻了。以上是周代时的车色，从中可以清晰地看出，随着车主身份等级的下降，车的用色也越来越单调。

以车色来区别尊卑，也是封建社会各个朝代遵行的制度。《后汉书·舆服志》介绍得比较清晰：皇帝乘坐的“金根车”“立车”“安车”等，“轮皆朱班重牙”，“各如方色，马亦如之。白马者，朱其髦尾为朱鬣云”。诸皇子所乘“安车”皆“朱班轮，青盖”。若皇子封王，则用“青盖车”。“皇孙则绿车以从”。公与列侯所乘“安车”亦是“朱班轮”，但使用“黑幡”。“中二千石、二千石”的官员“皆皂盖，朱两幡”。千石、六百石的官员仅有“朱左幡”。“大使车”“小使车”“近小使车”等奉命追捕考案有所执取者所乘之车，“皆朱班轮，四辐，赤衡轭”。其中“近小使车”“兰舆赤毂，白盖赤帷”。上至皇室成员，下至文武百官，不同等级身份的人员乘车有着不同的颜色标志。

《晋书·舆服志》中说“安车”有青立车、青安车、赤立车、赤安车、黄立车、黄安车、白立车、白安车、黑立车、黑安车，合十乘，名为“五时车”。介绍了皇家所用“安车”的不同颜色。

《隋书·礼仪志》记述北周“置司辂之职，以掌公车之政，辨其名品，与其物色”。在五辂之上增添“碧辂”，同时还添加了六辂，分别是苍辂、青辂、殊辂、黄辂、白辂、玄辂。这是北周时的车制，用颜色对“六辂”进行命名。

隋朝初年制五辂：玉辂，青质；金辂，赤质；象辂，黄质；革辂，白质；木辂，漆之。“五辂之盖，旌旗之质，及鞶缨，皆从辂之色。盖之里俱用黄。……皇后、皇太后重翟，青质……皇太子金辂，赤质……公及一品象辂，黄质……侯伯及二品三品革辂，白质……子男及四品木辂，黑质。”详细规定了五辂的内容，以及皇室成员和公侯伯子男所用乘车的颜色。

唐朝皇室及官员的乘车用色和隋朝差不多，除了明确规定木辂为黑色，耕根车为青色外，其他和隋朝相同。

《宋史·舆服志》记载：“象辂色以浅黄，革辂色以黄，木辂色以黑……”北宋初期，亲王群臣车辂之制和唐代相比有所异同：“一曰象辂，亲王及一品乘之；二曰革辂，二品、三品乘之；三曰木辂，四品乘之；四曰轺车，五品乘之。”而“县令乘轺车，黑质”。

二、车的数量与等级

古时，车马数量的多寡也是身份等级的象征。逸礼《王度记》载：“天子驾六，诸侯驾五，卿驾四，大夫三，士二，庶人一。”西周时期，天子出行使用六马拉的车子，诸侯使用五马拉的车子，依次往下类推，到了普通平民，只能使用一马拉的车子。《韩非子·外储说左下》：“故晋国之法，上大夫二舆二乘，中大夫二舆一乘，下大夫专乘，此明等级也。”“舆”即车，“乘”指 4 匹马拉车。春秋时的晋国，上大夫允许使用两辆车 8 匹马，中大夫允许使用两辆车 4 匹马，下大夫只能使用一辆车 4 匹马。韩非子强调说，这是为了彰显等级。

车队的数量也有明文规定。副车的多少，同主车的级别相适应，主车等级越高，副车的数量越多。《礼记·少仪》记载：“贰车者，诸侯七乘，上大夫五乘，下大夫三乘。”以上礼制也适用于葬礼、祭祀等场合。《礼记·檀弓下》记载：“君之適取长殇，车三乘；公之庶长殇，车一乘；大夫之適长殇，车一乘。”“国君七个，遣车七乘；大夫五个，遣车五乘。”诸侯的长子在 16 岁到 19 岁不幸夭折，办理丧事时使用三辆马车；诸侯的庶子在 16 岁到 19 岁死去，只能用一辆马车；大夫的嫡子如果也在同一时间段逝世，也只能用一辆灵车。国君薨逝，要陪葬七个牲体，遣车七辆来装运；大夫去世，陪葬五个牲体，用五辆车来装运。车的数量和级别关系并非一成不变，其实是一个度的问题。就像在诸侯争霸的战国时期，礼仪制度遭受极大的破坏，有关车的规定被践踏、碾压得一塌糊涂，单以从车而言，其数量就大大超过规定的范围。《韩诗外传》说：“田子方之魏，魏太子从车百乘迎于郊。"《吕氏春秋》亦云："今公行，（从车）多者数百乘，步者数百人，少者数十乘，步者数十人。"就连尊崇礼教的儒家子弟也加入拆解车的礼制中。《孔子家语》提到，孔子的弟子子路在父母去世之后，"南游于楚，从车百乘"。《孟子》中也说，儒家代表人物孟子游历诸国时，"后车数十乘，从者数百人"。这一礼制规定之所以成为一纸空文，就是因为它阻碍了车文化的发展，而这正说明车制的变化是与时俱进的。

三、庶人乘车有禁令

车马在古代主要是贵族阶层享用的，是用来"明等级，别尊卑"之物，拥有车马是身份和地位的象征。古时庶人也可乘车，不过有着严格的规定。

《尚书大传》提到："古之帝王，必有命。民能敬长矜孤、取舍好让者，命于其君，然后得乘饰车、骈马、衣文锦。未有命者，不得衣、不得乘；乘衣者有罚。""未命为士者，不得乘饰车朱轩，不得衣绣。庶人单马木车，衣布帛。""未命为士，车不得有飞軨。"大意是说，平民百姓未得到允许，不得使用 2 匹马拉的车子，不得乘坐只有士才能乘用的饰车，更不能乘坐轩车。若是不遵守规定，就要受到惩罚。庶民平时只能乘坐一马驾驭的木车，车上不得开窗。

商人的地位更低。汉朝对商人的乘车限制尤为严厉，不准商人乘坐马车，甚至连骑马都不行，只允许其使用牛车，唐朝时也不允许商人骑马。《史记·平准书》载"高祖乃令贾人不得衣丝乘车"。《汉书·高帝纪》载："贾人不得乘骑马。"《后汉书·舆服志》载："贾人不得乘马车。"在封建社会，统治者认为农业是国之根本，工商业为末业，因此对商人抱有强烈偏见，认为他们不事耕织，好逸恶劳，重利轻义，败坏民风。秦汉以降，历朝历代都奉行"重农抑商"的政策，商人的社会地位在庶人中是最低的，不能享有和农民相等的权利，不得从政，甚至被剥夺了日常生活乘马车的权利。

庶人乘车的种种禁令，反映出官员与平民、平民与平民之间的等级差异，这种差异在古代中国延续了千年之久，直到近代才被打破。

四、乘舆制和卤簿制

乘舆制度是一种古老的礼仪制度。《考工记》载："殷人上梓，周人上舆。"周人以舆为上，郑玄注解："武王诛纣，疾上下失其服饰而尊舆。"贾公彦注解："纣王无道，臣下化之，无尊卑之差，失其服饰。但车服者，显尊卑之差，故周公制周礼，尊上于舆也。"由此可知，乘舆制度就是围绕舆建立的，以车马为主要标志的礼仪制度。周代的车舆制度大致包括三方面的内容：一是天子"五路"乘舆制度；二是围绕路车的赏赐；三是公车（官车）制度。周代乘舆制度的基本特征是确立乘车等级，在乘舆上建立天子的绝对权威。可见周代车舆制度已与官位紧密相连。

乘舆礼仪发展到秦汉时期形成了卤簿制度。何谓"卤簿"？应劭《汉官仪》介绍说："天子出，车驾次第，谓之卤簿。"皇帝出行时，有一定数量的车队伴驾，作为随从的仪仗队，这就是卤簿。卤簿制度应是秦始皇首创。秦始皇陵中出土的两组铜车马似乎就是卤簿中的车子。秦朝卤簿制度主要有三个特征：一是创设金根车作为乘舆之首；二是建立属车制度，就是以安车为代表的十辆五时副车之制。十辆五时副车包括五辆五色安车和五辆五色立车，五色是指青、紫、黄、白、黑，分别代表春、夏、季夏、秋、冬五时；三是规定了天子车驾的规格，如大驾、小驾、法驾等。大驾是皇帝外出祭祀时规模最大的仪仗，"公卿奉引，大将军参乘，太仆御，属车八十一乘，备千乘万骑"。小驾是皇帝祭祀宗庙时的仪仗，规模略小于大驾，公卿级别的官员不在卤簿中，属车三十六乘，不用副车。法驾的规模又小于小驾，主要是皇帝祭祀或会见宾客时使用的，《汉书·文帝纪》载：“法驾，京兆尹奉引，侍中骖乘，奉车郎御，属车三十六乘。”卤簿车队出行时要严格遵守行车次序，哪种车在前面，哪种车在后面，每辆车走什么车道；等等，都要根据卤簿上的规定执行。如《晋书·舆服志》说：“象车，汉卤簿最在前。”象车即用大象拉的车子。象庞大有力，因其威仪而被用于仪仗。大概由于大象的体重能检验道路是否稳固安全，所以仪仗队常常将象车排在最前面。

卤簿制度自秦汉建立完善，经过历代发展变革，至唐代时形成了舆辇卤簿制，到明清时期将轿并入卤簿之中。辛亥革命后，卤簿制度从历史上绝迹。

大驾卤簿局部（清代）

纵观各个时期的车舆制度，虽然各有特色，但核心内容大体相同，都是为了从车马方面维护统治者的崇高地位。在这里，车马起到了别尊卑、分贵贱、壮威仪的功能，成为等级秩序的显著标识。

第二节　乘车礼仪

在古代，礼仪是人们行为的规范，上自国家统治，下至日常生活，无不在礼仪的约束之下。在乘车方面，古人有着一套完整的礼仪规范，对出行时的言行举止有着明确规定。

一、授绥与执绥

古人登车必须授绥、执绥，这也是车礼的一个重要内容。

绥是车上用来拉手的绳索。按照礼仪规定，乘车者登车时，驾车人都要把登车的绳索递给乘车者，使其有所把持。如果驾车人的地位等级比乘车者低，则乘车者可以接受驾车人的授绥，不然的话，就应当辞谢；但即使驾车人的地位等级低于乘车者，乘车者在接受绥时也要用手摁住驾车人的手，以示谦让之道，然后再受绥登车。若是驾车人的地位等级与乘车者相当，乘车者不愿接受驾车人的授绥，但驾车人执意要授，那么乘车者就要从驾车人的手下方直接取过登车绳索，以示客气。《礼记·昏义》记载，古代新郎迎亲时，要亲自为新娘驾车，并给新娘授绥。可见，授绥是古人十分看重的一个乘车礼节。

乘车者上车后，为了保持身体平衡，仍要用手抓住绳索，以免跌倒，正像《论语》所说："升车，必正立，执绥。"

知识链接

乘车位次

古人乘车出行也有很多规则，如果是日常乘车，则以左边的位置为尊贵，位尊者居左，驾车人居中，随侍的陪乘居右。《史记·魏公子列传》记载，魏公子无忌驾车去请隐士侯嬴，将车上左边的尊位空出来，等待侯嬴去坐，以示对侯嬴的敬意。

如果是普通战车，也是位尊者位于左边，驾车人位于中间，陪乘位于右边。只有当战车上载有国君或主帅，才不尚左，这时国君或主帅要居战车中央，以便击鼓挥旗指挥战斗，驾车人在左边，陪乘在右边。

二、“超乘”“垂橐”和“趋风”之礼

古代乘车出行，路过一些重要的地方或者遇到尊者时，要行“超乘”的礼节，以示敬意。这种礼节的要求是，在车行进不停的情况下，车左和车右要从车上跳下，然后再迅速地跳上车。跳车时并不是随便就可以跳，要从车厢后面的车门处跳下，因为车的周围设有栏杆。由于跳车发生在车行驶的过程中，所以很能显现乘者的勇猛。“超乘”的技艺往往能够赢得他人的赞美，在春秋时期，这一技艺还促成了一段姻缘。据《左传》记载，郑国大夫徐吾犯有一个妹妹长得十分漂亮，楚国的子南和子皙都想娶她，徐吾犯感到十分为难，就让二人分别进府去见妹妹，由妹妹做决定。子皙身穿华服进去，手捧厚礼出来。子南穿着军装乘车而入，自中庭“左右射，超乘而出”。结果，徐吾犯的妹妹选中了“超乘”技艺娴熟的子南。

若是乘战车经过其他国家的城门，车上的甲士要脱下头盔行“超乘”之礼，此外还要脱下甲胄，将兵器捆起来，表示友好之意，这种礼节称为“垂橐”。“橐”即装弓箭和甲的袋子。如果乘车经过他国城门不行“垂橐”之礼，就会受到谴责。如周襄王二十四年，当时的霸主晋文公已经去世。秦穆公不顾重臣百里奚的劝阻，一意孤行，命令秦军趁着晋国国丧的机会，远道偷袭郑国，想要借此树立秦国的霸主地位。秦军经过周王城北门的时候，每辆兵车上的左右卫都只是摘下头盔，却不脱掉铠甲，也不放下武器。除此之外，他们也没有对着周天子所在的王宫方向行拜礼。有300辆兵车的左右卫竟然在王城外面“超乘”，而且都是刚一下车走一两步，没等经过王城的城门，马上又一跃登车，继续前进。王孙满见了，讥讽秦军轻狂无礼。

除了“超乘”“垂橐”，还有一种“趋风”的礼节，这是将帅对君王所行之礼，即使遇到敌国的君王也要行此礼节。因为甲胄之士身穿戎服不易

下拜，所以行礼时只要脱去头盔，向前疾走即可。据《左传》描述，晋楚鄢陵之战时，晋国的郤至多次与楚军交锋，但每次遇到楚共王的乘车，他都脱下头盔，行“趋风”之礼。

知识链接

人前不登车

古礼规定，不能当众登车，尤其是不能在尊者面前上车，而当尊者上车时，其他人也要回避，否则就是不敬的表现。《汉书》记载了一则因在尊者面前上车而被罢官的故事。事情发生在汉成帝时期，王莽求见皇太后，揭露淳于长的种种罪状，其中的一项罪名就是骄横无理，“对莽母上车”。王莽的母亲是淳于长的舅母，属于尊者。最终淳于长遭到免职的处分。

三、不可忽视的轼礼

古代在乘车过程中，还有一项不可忽视的礼仪——轼礼。

所谓轼礼，指的是低头抚轼，以示敬意。古时除了兵车不用行轼礼外，乘车要行轼礼的对象场合有很多，如遇尊长者须行轼礼，进入里门要行轼礼，路过贤人的居所要行轼礼，过墓地或逢祭祀也要行轼礼；等等。车主抚轼行礼时车右要下车，位尊者抚轼行礼时位卑者要下车，正如《礼记·曲礼·上》所言:“国君抚式，大夫下之；大夫抚式，士下之。”车右下车后，行走到马车前面不远处，然后缓缓倒退，使车马减速行驶，以示敬意。有时也会停下车来行轼礼。在某些场合甚至连车主也要下车步行，如《礼记·曲礼·上》载:“国君下齐牛，式宗庙；大夫、士下公门，式路马。”汉刘向《列女传》中有一则故事生动地描述了“大夫、士下公门”

之礼：一天晚上，卫灵公和夫人南子聊天，忽然听到外面由远而近传来一阵行车声，这声音在靠近宫门时一下子消失，过了一会儿又响起，然后渐渐远去。卫灵公问夫人此人是谁，夫人回答是蘧伯玉。卫灵公追问原因，夫人说："妾闻礼下公门，式路马，所以广敬也。……蘧伯玉，卫之贤大夫也，仁而有智，敬于事上，此其人必不以闇昧废礼，是以知之。"说蘧伯玉德行高尚，严格约束自己，即使在天色昏暗不易被察觉的情况下，也能恪守规定，礼下公门。卫灵公于是派人去察看，果然是蘧伯玉。

君王遇到臣民也有下车行礼的，不过这种情况十分少见。《盐铁论》记载："晋文公见韩庆，下车而趋，非以其多财，以其富于仁，充于德也。"晋文公尚德，因此对"富于仁，充于德"的韩庆以礼相待。他不但下车，而且还行趋礼。"趋"是加快步伐的意思，一般是臣子对国君、晚辈对长辈、卑贱者对尊贵者所行的一种礼节。晋文公作为一国之君，竟对地位远远低于自己的韩庆行此大礼，其对韩庆的敬意由此可见。

轼礼虽有规定的适用场合和对象，但对于那些有违轼礼精神的对象则不实行轼礼。《韩诗外传》记载："荆伐陈，陈西门坏，因其降民使修之，孔子过而不式。子贡执辔而问曰：'礼，过三人则下，二人则式。今陈之修门者众矣，夫子不为式，何也？'孔子曰：'国亡而弗知，不智也；知而不争，非忠也；争而不死，非勇也。修门者虽众，不能行一于此，吾故弗式也。'"《礼记》规定遇到三人要下车，遇到两人要行轼礼，但孔子认为陈国的降民不忠不智，没有节操，不值得这样做。

《史记·万石张叔列传》中有一则"过闾门不下车"的故事，讲的是万石君石奋的儿子石庆官至内史，有一次醉酒回家，进入里门时忘了下车，而是直接把车驱了进去。此事被平日"过宫门阙必下车趋，见路马必式焉"的万石君知道了，他没有直接斥责儿子，而是用绝食的方式表达不满。石庆心中恐惧，便脱去上身衣服请求恕罪，但没有获得父亲的原谅。

最后全族的人都跑来说情，石庆的哥哥石建也袒露着上身求情，万石君这才责备说：“内史是尊贵的人，可以驾车进入闾里，里中的长老都吓得急忙回避，而内史大人悠然地坐在车里，你这样做本就是应该的嘛！”因为这件事，万石君还亲自向朝廷谢罪，并请求免除石庆的官职。此后，石家的子弟们都吸取教训，不敢再犯类似的错误，一到里门，就都下车快步走回家。从万石君教子的事例可以看出，“入里必式”“入闾下车”的车礼在古代确实得到了高度的重视和严格的实行。

第五章

四通八达：古代车道

第一节　道路建设与路政管理

在古代中国，道路的建设、管理和维护是一项重要的事业，历来为国家所重视。这一节所讲的道路，主要是指地面上供车马经常行走的那一部分，也就是俗称的大路。

一、先秦时期的道路和路政

道路是伴随人类活动产生的，早在几十万年前，我们的祖先为了生存和繁衍，就在中华大地上开辟了最早的道路。

在距今 4000 年前的新石器时代晚期，有记载表明，当时的中国已经有了役使牛马为人类运输而形成的驮运道。在尧舜时期，尧很注意道路的修整。为了使交通更为通畅，他在都城平阳（今山西临汾一带）修了一条通衢大道，称为“康衢”，后世改此地为“康庄”，这就是现在我们常说的“康庄大道”的来源。《尚书·舜典》记述了舜当上部落首领后曾“辟四门，达四聪”“明通四方耳目”的事情。当年舜帝于二月去巡视泰山，五月到了衡山，八月探访了华山，十一月来到恒山，由此可知，舜帝对道路的修建极为重视。据记载，舜帝在位时，曾命令诸侯百官治理九州的山山水水，开通九州道路，而禹就是这些大臣中的一员。禹是黄帝部落联盟的最末一位首领，又是夏王朝的奠基人。大禹治水，同样是从“随山刊木，奠高山大川”开始的。有关记载表明，他“陆行乘车，水行乘船，泥行乘撬，山行乘樺”，乘坐不同的交通工具，黄河和长江这两大流域都有他们走过的足迹。而且，禹在治理山水和开通山区道路时，都会首先树立标志，以此来选定中线，控制高度与里程。大禹采用“准绳”和“规矩”当作基本的测量工具，这说明原始的勘测技术在此时已有出现。

夏商时代，道路的建设已颇具规模，并且重视道路的养护。夏代设有“车正”一职管理车旅交通事务，《夏令》中记载：“九月除道，十月成梁。”商代时车马使用更为广泛，是当时人们的主要交通工具，与此相适应，商代的道路建设也获得了很大发展，人们已经知道怎样夯土筑路，而且会利用石灰稳定土壤。这些可以从商朝的殷墟发掘出的用于筑路的砾石和碎陶片上看出。商朝不仅筑路技术及筑路材料获得了新发展，而且还非常重视道路的养护，古代文献中已经查到商人护养道路的记载。商代对保持道路整洁要求严格，制定了严酷的“弃灰法”：如果有人把“灰”即垃圾丢在道路上，就要被斩断手指。这是我国古代路政的起始，堪称世界上最古老的道路交通法了。

到了周代，道路的规模与水平有非常大的发展。武王姬发灭商后，首先命人修筑都城镐京（今西安附近），后来，周公姬旦为了有效掌控位于东方的大片新开拓的疆土，将都城迁往洛邑（今河南洛阳），并大规模修建。从此以后，东、西两京便理所当然地成为周王朝的政治与经济以及文化中心。为了充分地发挥两京的作用，镐京与洛邑间迅速建立起了一条平坦宽阔的大道，历史称为“周道”，也叫作“王道”。《诗经·小雅·大东》上说：“周道如砥，其直如矢。”是说这条大路宽广平坦，笔直得就像离弦的箭一样。除王道以外，周朝还修了几条通往大诸侯国的通道。例如从洛邑通往鲁国，称为“鲁道”，也相当宽阔，《诗经·国风·齐风·载驱》颂它曰：“汶水汤汤，行人彭彭。鲁道有荡，齐子翱翔。”大意为：汶河不停地流淌，鲁道上行人来来往往。在这条平坦大道上，东方的齐鲁国人自由翱翔！道路的平直加上车辆的进步，自然提高了行路的效率。

对周王室的统治而言，“周道”起的作用极为重大。修建周道，不仅使西周获得更加稳定的发展，而且，在中国古代交通史上，同样意义重大。除西周外，秦、汉、唐的政治经济文化重心无一不在这条中轴线上，即使到了宋、元、明、清时期，这条交通线同样是横贯东西的大动脉。周道的全面开通，极大地促进了我国经济文化的大发展，到东周时期，社会生产力得到提高，农业与手工业以及商业都兴盛起来，这自然少不了道路交通的功劳。

西周在道路建设发展的同时，对道路网的规划、管理、养护等方面也很重视。城市道路的规划，分为“经、纬、环、野”四种，南北之道为经，东西之道为纬，都城中有呈棋盘形状的九经九纬的道路，其中围绕城池修建的道路为环，修出城池的道路为野。规定有不同的宽度（其单位是轨，每轨宽八周尺，每周尺约合 0.2 米），经涂、纬涂宽九轨，环涂宽七轨，野涂宽五轨。郊外道路分为路、道、涂、畛、径五个等级，并根据其功能规定不同的宽度，如“路”容乘车三轨，“道”容二轨，“涂”容一轨。道路布局规定“男子由右，妇人由左，车从中央”，实行人、车分流。在路政管理上，朝廷设有“司空”掌管土木建筑及道路，而且规定“司空视涂”，按期视察，及时维护；设有“野庐氏”一职，负责国中、鄙野大道的修治和巡查、护卫等工作；还有“列树以表道”的绿化政策和“雨毕而除道，水涸而成梁”“立鄙食以守路”等规定。

春秋战国时期，大国争霸，大规模的经济文化交流、军事外交活动以及人员物资聚散，都客观上极大地推进了道路的建设。与此同时，国家道路修建的情况，甚至关系着该国的生死存亡。当时，除周道继续发挥其中轴线的重要作用外，在其两侧还进一步完善了纵横交错的陆路干线和支线。在这一时期，许多主要道路工程都有所修建。如，秦国修筑的褒斜栈道，楚国经营的从郢都通往新郑的重要通道，晋国打通的穿越太行山的东西孔道，齐鲁两国建设的四通八达的黄淮交通网络，燕国开辟的直达黄河下游和通往塞外的交通线等。这里，我们主要介绍一下秦国修筑的褒斜栈道。

秦惠王时期，为了打通陕西通往四川的道路，开始修建褒斜栈道。这条栈道起自秦岭北麓眉县西南 15 千米的斜水谷，到达秦岭南麓褒城县北 5 千米的褒水河谷，因而称之为褒斜栈道。栈道全长 200 多千米，是在峭岩陡壁上凿孔架设而成。从技术层面来讲，这是一项非常艰巨的任务，首先要采用古老原始的“火焚水激”的方法开山破石，然后在崖壁上凿成 30 厘米见方、50 厘米深的孔洞，分上、中、下三排，均插入木桩；接着在上排木桩上搭遮雨棚，中排木桩上铺板成路，下排木桩上支木为架。修好的栈道远远望去就像一

褒斜栈道

座美丽的空中楼阁，蔚为壮观。自褒斜栈道开了栈道的先河后，几百年间又陆续开凿了金牛道、子午道和傥骆道等栈道。至今为止，陕西省太白县境内尚有多处清晰可辨的栈道遗迹。这些栈道，不仅便利了交通，而且成为兵家必争之地，在战争史上也留下了许许多多的故事。同时，便利的交通方便了各民族之间的交流，因此，春秋时期道路的大发展也使中原、戎狄、荆楚、吴越、巴蜀连成了一体，为中华民族的进一步统一打下了坚实的基础。

春秋战国时期的路政沿袭了西周制度，由主管土木工程的司空负责，地方由郡、县、乡、里负责。各诸侯国十分重视对道路的整治，很少会出现出聘使找不到路或路面很差的情况了。此时的道路以车的宽度为标准，大致可分为五种：径（可通牛车），畛（可行大车），涂（一轨宽，乘车八尺宽为一轨），道（二轨宽），路（三轨宽）。还设有专门管理通路的官员，清除杂草，准备饮食草料。道路两旁还植有树木，“列树以表道”。

一个国家的道路修整得好不好，同时也反映了这个国家的兴衰状况。《国语·周语中》记载：公元前601年，周王派人出使宋、楚，路经陈国（今河南淮阳），看到陈国道路不修的一片窳败景象，就发出了陈国必亡的预言：“今陈国道路不可知，田在草间……是弃先王之法制也”“道茀不可行，候不在疆，司空不视途，泽不陂，川不梁，野有庾积，场功未毕，道无列树，垦田若艺，膳宰不置饩，司里不授馆，国无寄寓，县无施舍。”两年后，陈侯被杀，陈灭于楚。

二、秦汉时期的道路和路政

秦汉时期是我国历史上第一个封建大一统时期，统一的时间长，范围广，为道路的开辟和发展带来了前所未有的机遇。

秦朝时正式建成了连接全国的陆路交通网。秦灭六国后，立马将各地私自建设的高墙壁垒全部拆毁，顺便连阻碍交通运输的关卡也一并除去。秦始皇统一中国后，“车同轨”制度便广泛实施下去。所谓“车同轨”，就是规定全国必须使用一样轨距的车辆，这样就要求车上的主要零部件标准统一，这种“标准化”的制造方法便为日后的更换提供了便利。同时，这种先进的“标准化”的制造方法与秦国举国上下土木工程以及战争等方面对长途运输的要求相适应，对道路修建方面更是提出了更为严格的要求，从而带动了经济的发展与社会的进步。依据“车同轨”的要求，秦朝在将过去错综复杂的交通路线加以整修与连接的基础上，又花费了巨大的人力与物力，最终建成了以驰道为主的全国交通干线脉络。此外，秦王朝还在西南山区修筑了“五尺道”，在今湖南省、江西省等地区修筑了通往岭南的“新道”，促进了当地的民族融合和经济发展。

秦朝的道路为汉朝的道路修建奠定了基础。它把长安当作中心，再向四面辐射，从而构成了便利的交通网。汉朝的交通干线大致如下：

其一，是自长安向西，经陇西逾黄河，贯通河西走廊，连接通西域诸国的大道。它起到了沟通东西方经济和文化的重要作用，是著名的丝绸之路。其二，是两条专为防御匈奴而修建的干线，一从关中直达塞外九原，一经平阳、晋阳通抵云中。这就是秦朝的两条直道。其三，由长安西南向，循褒斜栈道经汉中以达成都。以后又因张骞建议修西南夷道而把此线继续向西南方延伸，远踰昆明、永昌而通于天竺，成为另一条国际路线。其四，由长安出武关经南阳抵达江陵。这是沟通关中与江南的重要通道。由江陵出发可通往今湖南、广东一带。其五，由长安东出函谷关，经洛阳直达临淄，称为东路干线。此线在河南又分成三支：一自洛阳渡河，经邺及邯郸以通涿蓟，复由此而延向东北；一自陈留沿鸿沟、颍水入淮，南循泄水、巢湖以达于江；一自定陶循菏水入泗水，入淮河，再沿邗沟以达于江。

除此之外，还有一些支线覆盖全国各地。

秦汉除了重视道路的开辟，还注重路政建设，形成了一套比较完整的路政管理体系。秦朝时重要道路的修建和治理由皇帝下诏，地方路政则承继战国制度，由郡守和县令负责。当时对道路和车马的管理有着详细的条例规定，如弃灰于路者处以脸上刺字的处罚；私自移动道路标志者强制剃除鬓须令服劳役；为官长驾车者四年后不能胜任，惩罚负责训练的人上交一盾，而驾车者则要被免职并要服四年徭役，等等。两汉沿袭秦制，除了路政由大司空掌控外，管理体制与秦代相同。

三、唐宋时期的道路和路政

中国封建王朝到了唐朝可谓达到全盛时期，这一时期在道路修建上也更加完善。唐太宗即位不久就曾下诏书，在全国范围内要保持道路的畅通无阻，对道路的保养也有明文规定：不准任意破坏，不准侵占道路用地，不准乱伐行道树，并随时注意道路保养。通过统治者的努力，都城长安发展为国内和国际上陆路交通的中枢地区。而从道路交通的范围来看，也较秦汉时期有了较大发展，不仅南北畅通，而且疆域又获得空前扩大，此时的交通干线，东西应为九千里以上，南北应在一万里以上。以长安城为中心，向东，向南，向西，向北，构成了四通八达的陆路交通网，不仅通向全国各地，而且中外交通往来也日益频繁。除此以外，像洛阳、扬州、泉州和广州等城市，随着唐朝政治、经济和文化的发展，也相继成为国内外交通的重要枢纽。而且，一般的道路上沿路设置土堆，名为堠，以记里程。这是今天里程碑的滥觞。

唐朝时，虽然说郊外有极为发达的交通网，但是，城市内部的通路建设也不差。首都长安是古代著名的城市，东西长 9721 米，南北长 8651

米，近似一个正方形。道路网是棋盘式，南北向 11 条街，东西向 14 条街，将全城划分为 100 多个整齐的坊市。皇城中间的南北大街叫作承天门大街，宽 441 米，视野开阔。与 12 座城门相连的共有六条大街，位于中轴线的朱雀大街宽达 150 米，街中 80 米宽，路面用砖铺成，道路两侧有排水沟和行道树，布置合理，井然有序，不但为中国以后的城市道路建设树立了榜样，而且远到日本的国家都深受其影响。

宋朝和辽金时期的道路建设，特别是在城市道路建设与交通管理方面有了更大的发展，将之前那种封闭分隔的格局彻底打破，把坊里高墙全部拆除，让城里居民能够自由来往城中的所有地方。在这一时期的城市规划上，使街与市的结合得以实现。城市大道的两边，首次出现了百业汇聚的情形。改建之后的北宋都城汴京（今河南开封）城中，店铺多达 6400 多家，酒楼茶肆以及勾栏瓦舍通宵不歇，艺人商贩来往穿梭于大街小巷。为了丰富市民们的经济文化生活，北宋统治者甚至改变了以往居民不可以朝着大街开门、不可以在指定的市坊以外从事买卖活动的规矩，允许市民在御廊（汴京中心街道称作御街，宽两百步，路两边称作御廊）开店设铺以及沿街摆摊做生意。同时，北宋统治者还放宽了宵禁，延迟关闭城门，并且提早打开。御街上每间隔两三百步设一个军巡铺，铺中常驻防御巡警，白天主要负责维持交通秩序，使人流车辆顺利通行；夜间则警卫官府商宅，防盗防火，防止意外发生。历史上最早的巡警有可能就是在此时出现。这些变化都使汴京很快成为大都市。

四、元明清时期的道路和路政

元、明时期，道路交通又获得了进一步发展，以北京为中心，交通干线遍布全国。尤其是在元朝，统治者综合开拓了汉唐以来的大陆交通，从大都（今北京）通往全国的主干道一共有七条，形成一个稠密的道路网，使亚洲大陆的大片地区都被覆盖，甚至连阿拉伯半岛都包括在内。在成吉思汗等率领下的蒙古族各部不断地东征西讨以便拓展疆域，通常在军队到达的地方，便紧跟着建立畅通的道路，极大地确保了军队给养运输的顺利。在军事势力的全盛时期，道路直接通到东欧多瑙河畔；南下攻占金与宋的政权后，元朝将南中国的大片疆土并入了自己的版图，全国道路交通网日益完善。当时，全国路政由中书省所属工部都水监管理，都水监每年都要对道路进行修理，地方路政则由路、府、州、县设专人进行管理，还建立了路边植树制度，规定非理砍伐者依法治罪。

清朝（公元 1644—公元 1911 年）作为我国最后一个封建帝国，中国近代的疆域在此时已基本奠定范围。虽然在交通的各个方面，清政府都没有任何创新或突破，但是，在数量上还是有所发展。全国道路经清政府大力整顿后，其布局比以往任何时候都更加合理和有效。清朝将驿路划分为三等：一是“官马大路”，从北京向全国辐射，是通往各大省城的主要干线；二是“大路”，主要从省城通往下辖各地方重要城市；三是“小路”，这是从大路或各地重要城市通往各个市镇的支线。官马大路，属于国家级官道，在京城东华门外开设皇华驿，当作全国交通的总枢纽，管理东、西、南、北等官马大路干线系统。通往大东北的干线是官马大北路系统最重要的干线，也就是从北京途经山海关、盛京（今沈阳）分别延伸到雅克萨、庙屯（在黑龙江入海口）的官路以及通往朝鲜半岛的国际通道；除此之外，还修建了一条通向呼伦、恰克图的干线以及一条位于塞上的横向大通道。这些道路在清代开发北疆以及捍卫北疆的斗争中起到过非常关键的战略作用。

官马西路系统包括兰州官路和四川官路两大干线。兰州官路自北京途经保定、太原、西安、兰州，分别延伸到青海、西藏以及新疆，并通往中亚甚至西亚诸国。四川官路是通往大西南的干线，自西安通往云南、贵州、四川，并向西通到西藏拉萨。在进驻北京、维护政权的过程中，这条连接我国整个西部地区的交通系统，曾发挥过关键的作用。官马南路系统，包含云南官路、桂林官路以及广东官路三条干线。前两条干线都是自太原南下过黄河到达洛阳，之后分道至昆明或桂林，甚至延伸到印度支那半岛；第三条干线指的是广东官路的主干道，则是自北京出发途经济南、徐州、合肥、南昌、赣州、韶关，直达广州。这是从元朝创立之初一直到明清以来，北京通往广州的纵贯中国南北的主要官道，史称“使节路”。又由于终点广州曾经是清代对外通商的唯一口岸，所以清政府极为重视这条干线。官马东路的唯一干线便是福建官路，沿途贯穿天津、济南、徐州、南京、苏州、上海、杭州、福州等重要城市，这是清政府在经济上赖以生存的关键通路。除此以外，还有横贯东西的长江官路等交通系统。这些道路的开通让清政府更快地实现了对全国自京城以下省、市、县、乡镇乃以至自然村落的政治及经济控制。当然，全国人民因为这个纵横交错的交通网也获得了更好的生存与发展空间，极大地促进了地方经济与民族文化的交流与合作。

除了保持道路网的畅通外，清政府还强调对道路桥梁进行及时修治，每遇皇帝出巡或大丧、大礼时，道桥修治后要进行检查。此外，清政府在筑路、养路技术与水平方面也有新的提高，各项规定得以更加细致地实施。比如，在低洼地段，设置高路基的“叠道”；在软土地区来用秫秸铺底筑路。这些筑路与养路方法的创新与突破，对交通建设做出了很大的贡献。

第二节　驿路兴衰

驿路也称驿道，是我国古代为传车、驿马通行而开辟的交通大道，相当于今天的国道。驿路的历史十分悠久，自周代沿袭到清末，其间历尽兴衰。

一、先秦时期：驿路的形成和发展

我国是世界上最早在交通要道上建立邮驿系统的国家之一。我国的邮驿系统形成于商周时期，驿路便是从那时产生的。

商朝时，道路交通网络有了较大的发展，而且还有严格的制度来对道路进行管理。当时已有专门传递信息的信使。商王出行时，往往身边都要跟随几个人，供他随时向臣下发布命令。为了旅途方便和防止不测，商朝政府还在通衢大道沿线设立了许多据点和歇宿之处，这就形成了商朝最初的驿站制度。起先这些据点称为“堞”，大约是用木栅墙筑成的防守工事。后来，这些堞发展成为“次”。“次”是止舍安顿的意思，后逐渐发展成为旅舍之类。再后来，又在此基础上正式建立“羁”，即“过行寄止者”，是商王朝专为商王、贵族建筑的道边旅舍，不仅供住宿，而且供应饮食。

商朝时还没有分段递送信息的常设的驿传之制，消息命令一般都由一个专人传送到底。所以，信使行途极为艰辛，有时还会遇上盗寇、蛇虫的伤害。如有一个年迈的信使，在路上走了 26 天，行了 300 千米的路，还没有到达目的地就死在路途上了。有的信使行程更长，有一片商王祖庚时的甲骨卜记载，有一位信使从一天的黄昏时分起程，共赴了 48 天时间，其行程达 600 千米左右。

西周是我国奴隶社会的鼎盛时期，在这个时期，我国各种制度开始完善，邮驿制度在此时形成了一个比较规整的系统。各种不同的文书传递方式有着不同的名称：以车传递称为“传”，这是一种轻车快传；一种称为“邮”的，在周代主要指边境上传书的机构；还有一种叫作“徒”的，则为急行步传，让善于快跑的人传递公函或信息。

在西周的邮传驿道上，每隔十里设置庐，三十里设置遽（即传车），五十里设置馆。庐、遽、馆等又称为路室，也称邮、传、亭等，后世泛称驿站。驿站中储有食物、柴草、马匹、车辆等物资，以供行车方便。

从史料来看，西周的通信邮驿是有很高效率的。《尚书》曾记载了周初的一件史实：武王去世时，由周公辅佐成王即位。周公命召公去经营洛阳新都。新都建成前后，周、召二公之间靠着传递两地公文的信使有着许多通信来往。当时，史书上把这种信使称为“使”或“伻”。还有一个故事说，周公被封于鲁，姜尚封于齐。姜尚到齐后不讲政策，将当地两个不服管治的贤士给杀掉了。周公闻听此事后，立刻乘“急传”赶到齐都临淄，制止了姜尚的专断行为。正是因为当时有了畅通的驿路，才使得周公能够如此迅速地制止姜尚。

到了春秋时期，驿道已十分发达，驿传制度是否完善成为衡量一个国家文明程度的标准。《左传・襄公》记载，著名政治家子产，高度评价晋文公邮驿的成就：“文公之为盟主也，宫室卑痹白无观台榭，以崇大渚侯之馆。库厩缮修，平易道途。馆室诸侯宾至，甸至庭燎，仆人巡宫，车马有所宾从。”晋文公不修宫室台榭，却把钱大量用在整治各国信使的宾馆马厩上，道路整齐平坦，客人到来时沿途灯火通明，仆役随时服务，贵客的车马都被安排得很周到。正因为春秋时期各国交通、馆舍和通信事业的发达，才有可能使得当时许多会盟得以成功举行。

这一时期主要的通信工具是车传。车有两种，一是传车，一是驲。传车主要是供使者乘坐，用来征召大臣，通报紧要事项，如“告命”、战争等的交通工具。如《左传》中记载，晋用传召伯宗，御车人说:“传为速也。”又如鲁哀公欲与齐、邾会盟于齐地，来到齐界后，齐臣说将“传遽以告寡君”，在齐君答复前请先“除馆”休息。驲也是一种传车，只不过这种传车是供级别较高的人员乘坐的，也在通信中使用。《国语·晋语》记载，晋文公听说国内要发生动乱，有奸臣要谋反弑君，立即乘驲前往秦国报信，可见仍是传车性质。

除了车传，邮驿中还出现了单骑通信和接力传递的方式，这是邮驿制度的重要发展标志，也是我国邮驿制度史上的一次重大转变。

单骑快马通信的最早记载是郑国子产的“乘遽”。据《左传》记载，公元前540年秋天，郑国公孙黑叛乱，正在都城远郊办事的相国子产闻信，立即赶回。因为怕乘普通的车无法赶上平乱，他临时乘了单骑的“遽”归来，这个“遽”便是那时邮驿中新出现的、速度最快的单骑通信。接力传递的最初记载，也出自《左传》，鲁昭公元年（公元前541年），秦景公的弟弟铖去晋，在秦晋间开通了一条邮驿大道，每隔10里路设置一舍，每辆邮传车跑10里后便交给下一舍的车辆。这样一段一段地接力，共历百舍即达千里，可以南自秦国的都城雍（今陕西凤翔）直达晋国的都城绛（今山西绛县）。这样的接力运输和传送信件方式，其速度远不是单程车传可比的。不过，这两种先进的邮传方法，开始仅仅只在少数情况下使用，到春秋晚期才逐渐普及。当时的大部分场合，采用的还是“传车”和“驲”这两种传统通信手段。

进入战国时期后，随着社会经济的迅速发展，邮驿事业也取得了巨大进步。以东周王都洛阳为中心，东至齐鲁，西到关中，北抵燕赵，南达吴楚，四通八达，都有驿道相通。因为当时诸侯国频繁角逐，一批批说客谋士经常在各国间游说谋划，这就使得邮驿变得异常繁忙。

当时，在驿道上行驶需要手持凭证。邮传符节是可以证明身份的证件，持有此节者，沿途住宿伙食一律由传舍供给。在湖南省长沙出土过一枚战国时的铜节，其形如马，又称“铜马节”。据古文字学家于省吾考证，这是作为“骑传侯”的身份证明。“骑”是单骑通信的称呼，“传”指“驲”这种华贵的传车，“侯”则是指掌管骑传的官名。“骑传侯”是专门管理车传和马传的专职官吏。有了这一份证明，就可以在邮驿大道上畅行无阻了。驿途上还有一种称为“封传”的证件。据《史记》载，孟尝君从秦国被释放回齐国时，秦昭王后悔了，想派人把他追回来，但孟尝君已经乘快车逃跑了。他更换了“封传”，改变姓名，夜半混出了函谷关。秦昭王命快速邮车迅速追赶，最终还是没能追上。据考证，这种“封传”就是后来的驿券的雏形。

需要指出的是，战国时期，随着卿大夫势力的扩大，出现了若干由大贵族个人兴建的驿馆传舍。这些驿馆既可以作为他们私人的驿传设施，也可用来聚养大批为他们出谋划策的宾客。著名的“战国四公子”，即齐国的孟尝君、赵国的平原君、魏国的信陵君和楚国的春申君，他们都有自己的驿馆。齐国的孟尝君所设驿舍，按照不同的等级分成不同的规格，最上等称为“代舍”，中等的称为“幸舍”，下等的称为“传舍”。著名的弹剑客冯谖原不被重用，所以一般都住在传舍，冯谖觉得自己怀才不遇，弹剑唱曰：“长铗归来兮，食无鱼！”于是孟尝君先后把他迁至幸舍和代舍。冯谖为报知遇之恩，为孟尝君做出了焚烧债券的惊人之举，大大收买了人心。赵国的平原君在本国传舍的势力也很大。《史记·平原君列传》中说，秦国军队围困赵都邯郸时，平原君很着急，邯郸“传舍子”李同来到平原君处请战，后来李同战死沙场，他做传舍长的父亲被封为李侯。传舍长就是管理邮驿的长官。

普遍流行的"驲"

驲是春秋时期十分流行的通信工具。"祁奚乘驲""楚子乘驲"等事例都证明了这一点。

"祁奚乘驲"是春秋时代邮驿发达的一个实例。祁奚是晋国的老臣，公正无私，"外举不弃仇，内举不失亲"，大家都十分敬重他。大臣叔向受到政争的牵连，被晋王囚禁起来。叔向希望祁奚能出来求情。祁奚闻知此事，立即"乘驲"赶来晋见当政的范宣子，向范宣子证明叔向是既能谋而又少有过错、多惠于人的贤臣，要保证"社稷之固"，就应当十次赦免他。范宣子终于听从了老臣祁奚的意见，赦了叔向的罪。而《左传》上"祁奚乘驲而见宣子"的名句，也成为春秋史上的佳闻。这一记载，也成为中国邮驿史极为珍贵的资料。

还有一个著名的"楚子乘驲会师于临品"的事例：南方的小国庸乘楚国闹饥荒而纠集一些小国攻楚，楚国的处境十分艰难。楚国国君采取麻痹庸国的战略，故意先打几个败仗，同时秘密从各路调军。楚君乘坐了平时用作传信的"驲"亲临前线，约定各路将领在临品（今湖北均县东南）会师，攻伐庸国。庸国被"驲"车迷惑，对战争毫无防备，所以很轻易地就被楚国打败了。庸国人对驲习以为常，我们可以从这个现象中看出当时这种通信工具已经在南方用得很普遍了。

二、秦汉时期：邮驿制度的统一

秦王朝是我国统一的封建中央集权时代的开始。秦始皇所制定的统一文字、度量衡、车轨、道路等制度，对后来的各朝都有着极其深远的影响。尤其是在开创统一的邮驿制度方面，秦朝更是功不可没。

在秦朝之前的春秋战国时期，各国的邮传形式各异，邮传机构与名称不相一致，邮传里程和邮递方法也不统一。秦灭六国后，对以往的邮传进行了彻底的、有效的统一，将邮驿的名称统一为“邮”，于是“邮”成为通信系统的专有名词。在秦朝，“邮”负责长途公文书信的传递任务，近距离传递公文书信另用“步传”，即派人步行送递。邮传使用的主要交通工具是传车和乘马。在邮传方式上，大都采用接力传送文书的办法，沿规定的路线，由负责邮递的人员一站一站地接力传达下去。邮路沿途设有固定的地方供信使进食和住宿。这些休憩处称为“亭”。秦制十里一亭，亭设有住宿的馆舍。按秦法，亭应及时负责信使的传马给养、行人口粮、酱菜和韭、葱等，甚至供应的粮食升斗、酱和莱的数量都有严格规定。湖北省云梦县出土的《睡虎地秦墓竹简》里，对此有明确的记载。这些记载，让2000多年前我国邮驿状况的生动情景重现在世人面前。

汉朝在秦朝邮驿的基础上，对全国主要道路上的通信系统加以完善，形成了较为完备的通信网。当时的通信方式主要有“邮”“驿”两种。

汉朝的邮与秦朝相比大不相同，其含义已缩小为步递。邮都拥有行书之舍，即邮亭。邮亭的设置相当普遍，东汉王充在《论衡》中说：“二十八宿为日月舍，犹地有邮亭，为长吏廨也。邮亭著地，亦如星舍著天也。”邮亭数量众多，适合传递普通文书，史籍中记载了很多“因邮亭书”“因邮上封事”的事例。邮亭地处交通要道，有的还养有鸡、猪，“以赡鳏寡贫穷者”。过往的官员和有身份的行旅也可以在邮亭里寄宿。

驿指以骑马为主的传信方式。汉代初，将秦朝流传下来的名为邮的邮传设施改称为置，后来又改为驿。驿与置同义，但驿的名称比置要出现得晚，文献中正式出现驿是在汉武帝前后。实际上，西汉末东汉初才是驿被广泛应用的时期。东汉由于经济困难，取消了大部分传车，以马骑为主的驿才发展起来。

驿置用于长途传递信件文书，汉朝的紧急和重要公文都由它来传运。驿置的优点在传递迅速，通常以轻车快马为主。驿置预先备好车马，随时供兼程来往的驿使使用。东汉初年，刘秀在河北与地方割据势力王郎角逐时，就曾使用过这种驿置交通工具。当时，王郎企图收买大将耿纯，但耿纯心向刘秀，连夜逃出县城，并调用驿舍的车马数十乘，齐奔刘秀。刘秀凭着这些快马，壮大了自己的实力。汉宫中常年要求南海向长安进贡荔枝，也是通过快马速递，而把新鲜水果及时送到都城的。史书记载说，送一趟鲜荔枝，路途十分艰辛，如果没有超人的毅力是无法完成这一任务的。谢承的《后汉书》中说："旧献龙眼荔枝及生鲜，献之驿马昼夜传送之，至有遭虎狼毒害，顿仆死亡不绝。"当这种邮差，其风险可见一斑。

汉代的邮传有着很严格的制度。邮亭的来往文书要登记造册，称为"邮书簿"。来往邮路上的驿使或邮差有一定的服色，他们要头戴红头巾，臂着红色套袖，身背赤白囊，在驿路上奔驰起来十分醒目，有利于对专职邮使的识别。当时的邮驿通信速度还是较为可观的，马传一天可行三四百里，车传则可行 70 里左右，步行较慢，一天可走约四五十里。从西边的金城郡（今兰州市西北）用快马到长安，间隔共 1450 里，往来之间只需 7 天。据史载，东汉科学家张衡，制造出世界上最早的测示地震的候风地动仪。当有一天地动仪西边的一个龙头的含珠掉落在蛤蟆嘴中时，洛阳城许多人还不相信会发生地震。过了几天，陇西就有驿传飞马来报，证实那里发生了地震。这一事例，足以证明当时已经有了完善的邮驿制度，传达信息迅速且准确有效。

汉朝通信关禁制度很严，持有符信才能沿驿路出入关口。当时的符信称为“过所”，是驿者和行人的身份证明和通行许可证。在秦朝时本为木制，《古今注》说“长五寸，书符信于上”，用板封上，再盖以御史的印章。这样的符信，在居延汉代遗址发现了很多。汉朝还有一种以缯帛制成的符传，用两条书帛，过所驿者和检查者各持其一，对合后方可过关。《汉书》记载，名士终军，从济南入京当博士，步行入关，关吏验看他的身份证明，他说：“大丈夫西游，终不复传还。”扔下繻制符信拂袖而去。由此可见，汉代时无论是对邮驿使者，还是对普通行人，关禁都是非常严的。

三、隋唐时期：驿路的繁荣

隋唐时期是我国封建社会的盛世，邮驿事业在这一时期显得空前繁盛。驿站的数量增多，交通线路畅通全国各地，这些都是邮驿事业发达的标志。

唐朝时，以首都长安为中心，有七条重要的驿道，呈放射状通向全国各地。第一条是从长安到西域的西北驿路，自长安经泾州（治所在今甘肃泾川北）、会州（治所在今甘肃靖远北）、兰州、鄯州（治所在今青海乐都）、凉州（治所在今甘肃武威）、瓜州（治所在今甘肃安西东南）、沙州（治所在今甘肃敦煌）直达安西（今库车）都护府。第二条驿路是从长安到西南，自长安经兴元、利州（治所在今四川广元）、剑州（治所在今四川剑阁）、成都、彭州（治所在今四川彭州市）、邛州（治所在今四川邛崃）直达今川藏地区。第三条是从长安至岭南的驿路，由长安经襄州（治所在今湖北襄樊）、鄂州（治所在今湖北武汉市武昌）、洪州、吉州、虔州（治所在今江西赣州）直达广州。第四条是从长安至江浙福建的驿路，由长安经洛阳、汴州、泗州、扬州、苏州、杭州、越州（治所在今浙江绍兴）、衢州（治所在今浙江衢江区）直达福建泉州。第五条是从长安到北方草原地区的驿路，自长安到同州（治所在今陕西大荔），再经河中府（治所在今山西永济）、晋州（治所在今山西临汾）、代州（治所在今山西代县）、朔州（治所在今山西朔县），直达北方单于都护府。其他两条各自是长安至山东、东北地区和荆州、夔州（治所在今四川奉节县）、忠州等四川云贵地区。

除了国内这七条主要驿路外，唐朝还设有很多对外的国际性驿道。中唐有位地理学家写过一篇《记四夷入贡道里》，说唐朝的国际交往线也有七条：一为从营州入安东之道；二为登州海行入高丽渤海之道；三为从夏州、云中至蒙古草原之道；四为入回鹘之道；五为安西西域之道；六为安南天竺之道；七为广州通海夷之道。通过这些水陆通道，可抵达朝鲜、日本、中亚、印度和东南亚各国。

唐朝的驿路上每隔 30 里设一驿站，由驿长负责，每驿辖有众多驿夫和驿马。据记载，最盛时全国有陆驿 1297 个，分为七等，重要程度各不相同，因而人马配备也各异，最大的有驿夫 25 人，配马 75 匹，最小的有驿夫 2 人，配马 8 匹。驿站不仅传送公文，也快递贡品等重要物资，负责迎送过往专使与官员等。当时奉命传送公文者和赴京上任、述职者，都称为驿使。驿使有乘驿和给传的分别，乘驿者骑马，每日可行六驿，大约 180 里，给传者乘车，每日行程低于乘驿者，为 120 里。如果遇到紧急情况，驿使的速度则要加快，有时甚至每天行 500 里。“安史之乱”爆发后的第七天，2000 里外的唐玄宗就得到了消息，当时驿使骑马奔驰的速度每天约为 300 里。驿使在驿路上行使驿权，都需要特殊凭证。唐朝时通常有四种凭证：一曰银牌，由门下省统一发给，是一种宽二寸半长五寸的银制牌，上有隶书“敕走马银牌”五字；二曰角符；三曰券；四曰传符。后两种都是纸质证明。角符是何种形状，史无明载，估计形状似角。有了这些凭证，在全国驿道和关口才能通行无阻。

唐王朝十分重视边疆少数民族地区的邮驿建设，在中央政府的帮助下，边疆少数民族地区的邮驿事业得到了很大发展。今新疆地区驿路的建设是最为明显的。那时，今吐鲁番一带为唐朝的西州。它北达庭州（治所在今新疆乌鲁木齐），南到沙州，东抵伊州（治所在今新疆哈密），西至安西，都有宽敞的驿路相通。西州内部建有驿路 11 条，据今存《西州志》残卷载，有花谷道、大海道、银山道等。著名唐代边塞诗人岑参，在从敦煌西行到北庭都护府时，描写沿途的驿站设施说："一驿过一驿，驿骑如流星……前月发西安，路上无停留。"唐朝政府在今新疆地区还设有许多驿馆，如在焉耆设有吕光馆、新城馆，在交河设有龙泉馆，在碎叶、疏勒沿途设有谒者馆、羯饭馆，等等。有些驿馆很明显是专门用来接待少数民族和外国客商的。从敦煌到新疆驿路沿途，行进着大批马、牛车队，还有沙漠运输的特种畜力——驼群。这些运输工具，使当时的西部边陲地区呈现出一片空前繁盛的景象。现在敦煌莫高窟第 302 窟所保留的隋朝《驼车过桥》壁画，就生动地反映了当年驿路的繁荣。这些珍贵的材料说明了唐时新疆地区确有发达的邮驿系统。

唐朝时期，周围的少数民族政权也不在少数，比如那时的西藏就在吐蕃赞普管理之下。唐朝西北部还曾有过一个回纥，西南有一个南诏。从史料看，这些民族政权所在地区的邮驿事业也逐渐发展起来。唐末有一本笔记小说叫《因话录》，记载了当时吐蕃法的规定：每有急事，则派人驰马急报赞普，日行达数百里，使者"上马如飞"，号曰"马使"。唐蕃通婚后，从长安到逻些（今拉萨）有直通的驿道。中途的莫离驿、那禄驿、众龙驿、野马驿、农歌驿都是有名的驿。唐朝有好几条从四川通达吐蕃的驿路：一条称为西山路，由成都经灌县、蚕崖关、当风戍、汶川、西山八国，再沿梭磨河北上，进抵柘县，越过柏岭，至白崖驿，进入吐蕃界（《元和郡县图志》）。另外，还有两条通道，一曰"和川路"，一曰"灵关路”。由于青藏高原自古难行，这几条驿道自古险要。唐人形容称：“连山接野，鸟路沿空，不知里数。”（《太平寰宇记》）近年来，外国史学家还发现了唐朝时期从吐蕃北行越过葱岭进入西域的两条通路，西方人称之为“食盐之路”和“五俟斤路”。虽无法考证具体情况，但这也说明了在7至9世纪我国西藏地区的吐蕃王国，也有成功的邮驿建设（波斯佚名作者：《世界境域志》）。

在唐朝的帮助下，唐时居今云南一带的南诏也建立了自己的邮驿通信系统。那时南诏到四川有多条驿路相通，其中最主要的一条从四川至南诏都城羊苴咩（即今云南大理）城。这条路从成都出发，向西南行，途经双流的二江驿、新津三江驿，再到邛州的临邛驿、雅州（今四川雅安）百丈驿，经黎州（今四川汉源）潘仓驿、通望县木莨驿，渡过大渡河到斑州（治所在今四川西昌），再经会川驿渡泸水，乘皮筏过末栅馆、藏傍馆等，直抵羊苴哶咩城（《蛮书》）。在南诏境内还有许多支道和南诏南通印度、缅甸和安南的国际通道。这些都为南诏国内国外商旅和文书通信畅通无阻提供了有力的保障。

唐朝通川少数民族地区，通青海和宁夏地区，以及通东北靺鞨、渤海等民族地区，也各有多条相通的驿道。《旧唐书·李吉甫传》载唐宪宗元和年间（公元806—820年），曾在夏州（今陕西靖边）一带恢复驿馆所，发骑士500人，保护至党项民族地区的驿路。隋朝和唐朝都十分重视贵州地区的驿路交通的开发，开皇年间（公元581—600年）和贞观年间都开辟了四川至贵州的水陆驿路通道。据《资治通鉴》记载，在今陕甘宁边区的靖远县，唐宪宗时唐兵和吐蕃“并力成桥”，建成一座横架黄河的乌兰桥，沟通了两岸的驿道。在东北辽宁地区，唐朝和当地的靺鞨、渤海、高句丽诸族都有水陆两路相通。

唐朝先进的邮驿制度，也影响了周围邻国。唐朝隆重接待外国驿使和政府官员、各地接待外宾的仪式隆重，招待周到。唐政府还在长安设置了“四夷馆”，专门接待外宾；楚州（治所在今江苏淮安）有专门接待新罗客的“新罗馆”，扬州有专门接待日本使者的“扶桑馆”。外宾所到之处，先在郊外的驿馆迎候，由宫廷内史亲自摆酒设宴。唐朝和日本联系也很密切，日本曾 15 次派遣使者来唐朝，唐朝使者曾 10 次前往日本。唐朝的邮驿组织被引进到日本，日本建立了富有唐朝特点的邮驿制度。到宋朝初年，日本已建有 414 驿，使日本的经济文化得到了有效发展。

知识链接

驿　夫

驿夫也称驿丁、驿卒，是驿站所用的差役。驿夫的身份十分低下，一般由被迫服徭役的百姓充任，也包括一些犯法的囚徒。驿内繁重的体力劳动都是由他们来完成的，如养马、发运行李和货物、修缮房屋等。偶尔也派驿夫外出执行通信任务。驿夫的酬报很低，且常常受到贪官污吏的剥削。而且，驿夫稍有差错，便要受到十分严厉的处置。唐朝规定，驿丁抵驿，必须换马更行，若不换马则杖八十。还规定，凡在驿途中耽误行期，应遣而不遣者，杖一百；文书晚到一天杖八十，两天加倍，以此类推，最重的处徒罪二年。若耽误的是紧急军事文书，则罪加三等。因书信延误而招致战事失败的，则判处绞刑。唐律对文书丢失或误投，也制定了十分严厉的处罚措施。唐中期后，驿夫的处境更加悲惨，生活更为艰苦。史载唐武宗时期，肃州（今甘肃酒泉）地区的驿夫因不堪欺压发动起义，这是我国历史上第一次驿夫起义。

四、宋元时期：空前完备的邮驿事业

公元960年，赵匡胤建立北宋，中央集权的国家也随之而建立。在此基础上，我国邮驿事业又有了进一步发展。

宋代邮驿与以前各代相比有所不同，驿路每60里设一驿，并且以军卒为驿夫。除驿外，还设有递铺，一般十里设一递铺，也有些地方“二十五里置铺一所”。递铺分为步递、马递、急脚递等方式。步递是递铺组织的基础，设置较为普遍，自成网路。步递的速度较慢，主要传送普通公文，也送人送官物，承担的运输任务较为繁重。马递和急递的速度较快，马递日行300里，急递日行400里，主要传送紧急文报及赦书。宋神宗时期又增设金字牌急脚递。金字牌是一种通信檄牌，“牌长尺余”，木制，“朱漆刻以金书”，上刻“御前文字，不得入铺”。其传递速度要比一般急脚递快，日行500里。宋人形容金字牌“光明眩目”，传送时“过如飞电，望之者无不避路”。宋代邮驿制度的新变化在很大程度上是由其所处的周边环境决定的。

进入元朝时期，我国的邮驿制度更趋完善，达到了领先世界的水平。当时以大都为中心，形成了四通八达的驿道。元代的驿站名为“站赤”，沿袭宋制，号称60里一驿。站赤分水陆两种，其中陆站以马、狗、车等作为交通工具。元朝时期全国驿站约有马匹4.5万匹，马的名称也是很多的，如“铺马”，即驿马，供驰驿使臣骑用；“长行马”，使臣或官员自备的马匹，驿站按规定供给草料或祗应；“贴马”，定额以外的备用马匹，与正马数量相同，由站户在家喂养，以备急用时顶替。元朝哈儿宾（今哈尔滨）地界原设狗站15处，站户300，狗3000只。“后站狗多死，至站无以交换”。

在交通枢纽处设车站，其主要任务是专门运输金银、宝货以及钞帛、贡品等急需物资。但车站在当时并不是十分常见的，元朝时全国约有站车 3967 辆。最大的车站是大都陆运提举司，最多时有站车 500 余辆。没有站车的驿站，或站车不敷用时，则“科起民家牛车，无者出产长雇”。车站一度由马站兼管，大德六年（公元 1302 年），单设提领对车站进行管理。

除以上列举的之外，驿站也用牛、驴、骆驼等作为交通工具。

元代各驿站设站官，管理驿站是站官的主要职责。《元史》中说：“其官有驿令，有提领。”一般大站设驿令，小站设提领。除此之外，还设立脱脱禾孙，专职对驿站进行视察，“掌辨使臣奸伪”。

驿路上负责传送官方文书的人员，统称为“使臣”“驿使”。就其身份而言，有王公贵族，也有州县官吏，甚至还有身份极其低下的百工匠人。因为身份和品级不同，给驿标准和食宿供应标准也不尽相同。驿使必须持有牌符作为凭证。牌符的类型有金字圆牌、银字圆牌、铺马圣旨等。金银字圆牌是最为常见的，是紧急驰驿的证件，其主要职责是递送军情急务。这种印信有汉字、畏兀儿字和八思巴文三种，上刻有“天赐成吉思汗皇帝圣旨疾”字样，由中书省发给驿使作为凭证使用，事情完成后就立即收回。铺马圣旨又称“铺马札子”或“给驿玺书”，是一般文书的传送印信。这是一种盖上皇帝大印的纸制品，由中书省印发。这种证件最初用蒙古文字印制，后来因各地驿站多不认识，遂改为马匹图形作为标志。

除了驿站以外，元承宋制，也设有急递铺。

五、明清时期：驿传由盛而衰

明代的驿传系统在元代基础上有了进一步发展，当时的驿传组织主要有驿站、递运所等。

洪武元年（公元1368年）规定，60里或80里设置一驿。驿站的主要职责是“递送使客，飞报军情”。其中京都的驿站名为“会同馆”，是全国驿站的总枢纽。京外的驿站称为“水马驿”，通常在交通干线和通衢大道处设置，主要分马驿和水驿两种。陆路设马驿，驿站备有马匹，马的数量不等，要冲之地设马80匹、60匹、30匹，非要冲之地设马20匹、10匹、5匹。水驿则备船。

递运所是明初开始设置的，专司运送军需物资及贡物。它是与水马驿性质不同的物资运输系统。递运所分水路和陆路两种，设于全国较大的水陆码头或交通枢纽。车、牛、骡是当时陆路递运所的主要交通工具。洪武元年规定，大车1辆，载米15石者，车夫3人，牛3头，布袋10条；小车1辆，载米3石者，车夫1人，牛1头。

递运所的设置使货物运输有了专门的机构，而且将全国的陆路运输和水路运输很好地联系了起来，但遗憾的是，递运所在一开始设置时就是极不完善的，存在着若干弊端，因此从明代中期开始大批裁撤，后逐渐没落。

清代驿传继承了明代制度，同时又有所创新。清代前期国力强盛，幅员辽阔，驿传系统十分发达，清政府在全国广设驿、站、塘、台、所、铺等多种形式的驿置。“驿”是腹地各省所设的交通站，主要任务是传递通信，并负责迎送使臣和运送官物。“站”是传递重要文书和军事情报的组织，为军事系统所专用。“塘”是对新疆、甘肃地区驿站的称呼。“台”指蒙古一带的驿站。“所”即递运所，仅设于甘肃部分地区。“铺”即急递铺，专司传送地方和中央的寻常公文。陆路驿传以马和马车为主要工具。驿马是最常见的驿传工具，全国除福建、广东、广西没有驿马外，其余各省均设驿马。直隶驿站兼设骡驴，山东、浙江兼设驴，吉林、黑龙江兼设牛，北路军台兼设骆驼。均按地方冲僻及差事多少，各有定数。关于驿

苏州横塘驿站（清代）

车，除京师会同馆设车外，直隶、黑龙江、甘肃驿站也设车。其余驿站不设置车辆，必要时可以雇佣民车。以百里为一站，每车每站给银一两，多十里增银一钱，少十里减银一钱。

清朝中叶以后，封建社会面临崩溃，旧式驿传也出现了许多无法弥补的弊端，如驿政废弛、驿递迟缓、肆意搜刮、横征暴敛等，最终导致了驿传的衰败。到了清末，随着轮船、铁路等交通工具传入中国社会，传统的驿传制度受到严重冲击。迫于形势的无奈，清政府于光绪二十二年（公元 1896 年）始办新式邮政，渐渐代替了驿站。辛亥革命后，北洋政府宣布将驿站全部撤销。古老的中国在邮驿制度上经历了一次实质性的大变革，古代邮驿也逐渐退出了历史舞台。

第三节　悠悠古道

一、驰　道

公元前 221 年，秦始皇统一中国，次年他下令修筑“驰道”，供自己巡游天下时使用。秦朝修建驰道工程规模浩大，整整持续了 10 年。建成后的驰道是秦朝道路网的主干，它以首都咸阳为中心，《汉书 · 贾山传》载：“东穷燕齐，南极吴楚，江湖之上，滨海之观毕至。”

秦朝的驰道十分壮观，驰道路面宽 50 步，相当于现在的 70 米。路基稍高出两侧地面，目的是排水便利，路面更加夯实。道路两旁每间隔 10 米就种一株青松，作为行道树。除了路中央的 10 米是作为皇帝御车专用外，另外两边开辟了人行旁道。每间隔 10 里修建一个凉亭，作为区段的治安管理所、行人招呼站以及邮传交接处。当时修建的著名驰道共 9 条，分别为：出今高陵通上郡（今陕西陕北）的上郡道；过黄河通山西的临晋道；出函谷关通河南、河北、山东的东方道；出今商洛通东南的武关道；出秦岭通四川的栈道；出今陇县通宁夏、甘肃的西方道；出今淳化通九原的直道等。其中，通往九原的直道在公元前 212~ 公元前 210 年修建完成，负责人是驻守边关的蒙恬与公子扶苏，工人就是他们手下的 20 万大军。这条大道沿途贯穿陕西、甘肃等省，穿过 14 个县，直达九原郡（今内蒙古包头）。直道宽度在 60 米左右，可使 10~12 辆大卡车并排行驶，最宽处甚至达到现代化中型飞机起降的跑道。其沿途各支线巧妙贯穿，都可以容纳并排行驶 2~4 辆卡车。直道被正式投入使用后，秦国骑兵从军事指挥中心——云阳林光宫（今陕西淳化县梁武帝村）开始出发，只需要三天三夜就能够驰抵阴山脚下，对匈奴发起攻击。直到现在，在内蒙古东胜县境内仍然有 45 千米长的直道遗迹保存。

秦代的驰道并不是驿道，而是君王专用的交通线，这种情况一直持续到了汉初，在汉武帝之前仍是这样，连汉宣帝的女儿馆陶长公主有太后诏旨，行驰道中，也被没收了车马，根本不可能允许邮驿使用。驰道在汉初仍然是阻碍交通的一大祸害。到了西汉中叶以后，驰道事实上已形同虚设，过去森严的禁令也逐渐失去了作用。不仅旁道可以自由通行，中央三丈也可以车马奔驰。汉平帝元始元年（公元 1 年）遂正式下令罢三辅驰道，从此，驰道才加入驿道的行列中来。

二、丝绸之路

丝绸之路是我国古代著名的对外陆路交通线。广义的丝绸之路指的是从上古开始陆续形成的，遍及欧亚大陆甚至包含北非与东非在内的长途商业贸易以及文化交流线路的总称。在公元前 2 世纪到公元 14 世纪期间，作为横贯亚洲的陆路交通干线——丝绸之路，成为我国和印度、古希腊、罗马以及埃及等国进行经济与文化交流的重要通道。因为在这条陆路上，丝绸贸易是最为活跃的，因此人们形象地将它叫作“丝绸之路”。之后又开辟了经海洋通往西方的航线——海上丝绸之路，为了便于区分，因而把这条陆路又称为陆上丝绸之路。

一般认为，陆上丝绸之路最初东起中国长安（今陕西西安），沿渭水西行，穿过黄土高原，再通过河西走廊到达敦煌。从敦煌西行则分成南北两条道路：南路出阳关，沿着今天的塔里木盆地南沿、昆仑山北麓，途经古楼兰（今新疆若羌一带）、且末、民丰、于田、和田、墨玉、皮山、叶城、莎车，最后到达喀什。北路走出玉门关，顺着今天的塔里木盆地北沿、天山南麓，经过吐鲁番、库尔勒、库车、拜城、阿克苏、巴楚，最后也到达喀什。南、北两路在喀什汇合之后，继续向西走，登上帕米尔高原，之后经过阿富汗、伊朗以及中亚诸国，再通过地中海，最后到达丝绸之路的终点——古罗马的首都罗马城以及水城威尼斯。之后，再次开辟了一条北新道，自敦煌经过哈密，沿着天山以北的准噶尔盆地前进，渡过伊犁河西行至古罗马帝国。丝绸之路不仅是连接古代欧亚大陆之间经济交流的商贸大道，还是促进中国与欧洲各国东西文化相互交流的友谊大道。

事实上，早在远古时期，亚洲与欧洲之间就有了较小范围的交流与沟通。虽然远古时期人类面对着难以想象的天然艰险的挑战，但在尼罗河流域、两河流域、印度河流域和黄河流域之北的草原上，有着一条由许多不连贯的小规模贸易路线大体衔接而成的草原之路。关于这点，沿途许多的考古学家都已经有所证实。这条路就是最早的丝绸之路的雏形。当然，那时在这条路上主要交易的并不是丝绸，在公元前15世纪左右，塔克拉玛干沙漠的边缘地带就曾再现过中国商人的身影。购买产自现新疆地区的和田玉石，同时出售海贝等沿海特产，与亚地区进行小规模贸易往来。而良种马及其他适宜长途运输的动物也开始不断为人们所征用，令大规模的贸易文化交流成为可能。除此之外，欧亚大陆腹地是广阔的草原和肥沃的土地，对于游牧民族和商队运输的牲畜而言可以随时随地安定下来，就近补给水、食物以及燃料。这样一来，商队、旅行队或军队可以在沿线各强国注意不到的情况下，进行持久而路途遥远的旅行。

对这条长达3500多千米的丝绸之路而言，汉朝时期的张骞和班超成了其开辟史上最大的推手。西汉武帝时，张骞先后两次受命出使西域。公元前138年，张骞第一次出使西域，他的主要任务是联络西域的大月氏国（在苏联中亚地区和阿富汗一带），共同抵御北方的匈奴，从而将中原通往西域的道路彻底打通。那次，张骞和100多名部下刚出了玉门关，就被匈奴人捉住，之后就一直被扣留在西域长达十年之久。最后，还是张骞凭着聪明才智，趁夜偷偷逃出匈奴的军营，然后历尽艰辛，辗转一年多，才又回到汉朝。回到汉朝后，张骞把在西域各国了解到的情况全都上报给了汉武帝，也为第二次出使西域打下了基础。公元前119年，张骞第二次出使西域。这一回张骞到乌孙（今新疆伊宁南），他与乌孙王结下了深厚的友谊。他还派同去的300名使者分别到了大宛、康居（皆在苏联中亚地区）、大月氏、大夏（在今阿富汗北部）、安息（今伊朗高原和两河流域）、身毒（今印度、巴基斯坦）和于阗（今新疆和田）。通过努力，张骞和他的部下在西域各国受到热烈欢迎。当张骞回国时，乌孙王特送汉武帝良马数

10 匹。张骞的第二次出使，有效促进了西域和汉朝的频繁往来，丝绸道上每年都有大批使者来往，多则数百人，少则百余人，民间商队更是络绎不绝。就这样，世界几大文明发源地被连接起来，都和古代中国有了密切的联系。

班超在西域的威望再次促进了丝绸之路的进一步发展。后经过几个世纪的不断努力，丝绸之路向西伸展到地中海。广义上丝绸之路的东段已经到达朝鲜、日本，西段至法国、荷兰。

陆上丝绸之路是我国古代人民辛苦开辟的国际通道，具有十分深远的现实意义。它经过中亚、西亚，可与东南欧及北非的交通线相衔接，进而形成世界上商贸最活跃的道路。从两汉到明朝时期，它始终发挥着极为重要的作用，成为连接古代东西方文明的主要纽带，成为亚洲和欧洲、非洲各国经济文化交流的友谊之路。

丝绸之路除了上述的路线之外，还有一条鲜为人知的、连接东西方的纽带——“西南丝绸之路”。早在上古时期，西南各族的人民出于交换产品、相互往返的需要，开辟了一条从成都地区出发，途经云南、缅甸、印度、巴基斯坦到达中亚的商道。这种古代商道的时间远远早于公元前 2 世纪张骞通西域开辟的陆上丝绸之路和东南的海上丝绸之路。而且是我国西南地区与西欧、非洲距离最短的陆路交通线。“西南丝绸之路”使用骡子作为运输工具，将已经在世界上享誉盛名的蜀地和云南丝绸运至印度，又转运至欧洲。古老的“西南丝绸之路”正好与今天的川滇、滇缅以及缅印公路的走向大体一致，并且有一些段落完全重合，它所经过的地区历史上曾分布有六个少数民族，因此，可以说这条古道在当时是一条各民族往来的走廊。

班超小档案

班超，字仲升，汉族，汉扶风平陵（今陕西咸阳东北）人，是东汉著名的军事家和外交家。班超是著名史学家班彪的小儿子，其长兄班固、妹妹班昭也是著名的史学家。班超为人豁达，不拘小节，但内心孝敬恭谨，审察事理。曾出使西域的他，为平定西域，促进民族融合，做出了巨大贡献。

汉武帝开通西域、汉宣帝设西域都护以后，西域诸国一直与西汉王朝保持着良好的关系。然而，东汉末年王莽改制时，企图将西域各国的王号贬黜一事引起了西域诸国的强烈不满，同时也打破了好不容易建立起来的友好关系。与此同时，匈奴的势力又强大起来。西域诸国则互相攻伐，最终被匈奴控制。匈奴获得西域诸国的人力、物力后，实力大增，屡次进犯东汉河西诸郡，边境百姓痛苦不堪，民不聊生。

为了解决这种混乱的局面，为东汉政府赢得有利局势，永平十六年（公元 73 年）朝廷任命班超为行军司马出使西域。班超两次出使，凭借自己的聪明才智与勇气，先后使鄯善、于阗、疏勒三个王国恢复了与汉朝的友好关系。后来汉朝政府要把他调回时，许多人都舍不得让他走，甚至抱住马腿跪着挽留他。出于大局考虑，班超说服了汉章帝，改派自己长期驻守西域。他以非凡的政治和军事才能，在西域的 31 年中，正确地执行了汉王朝“断匈奴右臂”的政策，自始至终立足于争取多数，分化、瓦解和驱逐匈奴势力，因而，每战必胜，最终使西域 50 多个国家全部归附了汉王朝。和帝永元七年（公元 95 年），班超获封为定远侯，封地在今陕西省汉中镇巴县。

三、茶叶之路

在中国交通史上，可与“丝绸之路”相媲美的一条由中国南方到欧洲腹地的国际商路就是“茶叶之路”。茶叶之路尽管存在时间极短，只是在清代拥有约百年的辉煌繁盛，但在交通史上却有着重要的作用和历史意义。它促进了蒙古和内地的经济发展，繁荣了茶叶的国际市场，促进了中蒙、中俄的经济交流，同时将沙漠、草原地带建设成茶叶等物资的集镇，甚至对茶叶、毛皮等商品加工制造业的发展起到一定的推动作用。发挥了武夷山通中原古道的作用，促进了武夷山与中原的经济文化交流。

福建是茶叶之路的起始点。当时，在福建东北部有一个著名的茶叶小镇——下梅镇，这个小镇位于浙江、江西、安徽和福建交界，四省通衢，而且且以下梅镇为中心，周围还有许多盛产茶叶的地方。晋商、北京的商帮及河北的商帮们一般会在当地购买茶叶，然后在下梅镇进行加工、包装，再通过水路运往九江，在九江换大船进入长江，逆流而上，经过武汉到达现在的襄樊（那时称襄阳），并由此上岸。上了岸以后，用驼、马、驴、骡等代步工具把茶叶驮运到呼和浩特、张家口这两个北方的茶叶集散地。南来的茶叶到了呼和浩特后会重新包装一次，然后载满茶叶的驼队会向北行进，穿越的大戈壁，走 56~58 天的时间，到达库仑（现在的乌兰巴托），从库仑往北走 180 公里，到达中俄边境的口岸城市——买卖城。时至今日，买卖城早已隐匿在历史的长河里，人们只能从与之相邻的位于俄罗斯境内的“恰克图”城寻找到一些当年繁盛的茶叶贸易的残影了。恰克图作为一个有历史文化积淀与政治地位的边境小城，记载了这条商路的促成和贸易活动，在恰克图民族文化博物馆里，保存着大量 17–19 世纪这条“茶叶之路”的商帮、商号以及我国“买卖城”的许多图片和实物，其中包括商人必备的服装、衡器、茶叶，还有居住的房屋的照片和实物。这条道路到恰克图只是茶叶之路的一半，就是当时中国境内的一部分。据统计，共1万华里，当时走下来，大概得3个月。完整的茶叶之路，从呼和浩特经乌兰巴托、恰克图、科布多，到达终点俄罗斯贝加尔湖一带以至圣彼得堡，通过这些城镇向西经土耳其等国进入欧洲。这条茶叶之路在公元1688年正式成为一条国际大商道，横跨亚欧大陆，绵延万里，是一条集商贸、文化、政治、民族、宗教、民俗等于一体多学科共生的商道，也是一条预示未来国际商贸的亚欧大通道，在中国历史的长河里，它是一颗国际贸易的新星，迅速闪耀，很快陨落。

根据史料的记载，茶叶之路应该始于清朝雍正年间，中俄恰克图贸易口岸是在公元1728年中俄《恰克图条约》签订之后设立的，但是在官方贸易口岸确立之前，恰克图一带的中俄、中蒙民间贸易事实上很早就开始了。恰克图是个蒙古语词汇，意思是“有茶叶的地方”，由此足以证明在恰克图口岸开设之前，“恰克图”那里已经是个有很大规模的茶叶交易的场所了。清代时期，中俄双方民众都因为开辟出的茶叶之路受益。数十万经商者从茶叶之路的经营中获得高额利润，尤其是山西的商人，一大批富人都曾走过茶叶之路。这也变相地确保了清朝统治的稳定。当年在山东和长江流域爆发太平军等各类饥民起义，但山西基本没有响应，就因为山西当时较为富裕，而这也确保了清王朝的江山没有遭受毁灭性的打击。

俄国政府显然比中国政府更重视中俄贸易，在第一次世界大战之前，沙皇在恰克图修建了一所很大规模的商业学院，准备专门培养对华贸易人才，但十月革命的爆发，让沙皇的构想化为泡影，当时修建的商业学院楼房至今仍然存在，人们还在把它当作学校使用，培养工业人才。因为恰克图是重要的茶叶之路交易场所，因而，俄国人在恰克图口岸开辟之后修建了商品交易市场，为方形，每个周边有200多米长，相当今天一个中等体育场大，尽管历经280多年风雨，依然坚固完好。

明清以来，运销蒙俄的茶叶几乎由晋商垄断，在晋商最成功的八大家族里，乔家、常家、范家三个名门大户都是靠茶叶之路富裕起来的，而其中的榆次车辆常氏则称得上是这条万里茶路上的中流砥柱。

不管是巨商还是小买卖者，都能克服经商途中的艰难险阻和雨雪风霜的考验，凭借自身努力，极大地推动了中俄贸易的发展。而对于这条“茶叶之路”的开通以及中俄边境通商口岸的建立，中国的康熙皇帝与俄国的彼得大帝却采取了截然不同的态度。康熙皇帝认为，与俄国通商严重折损了天朝大国的威严，因此，他坚决反对通商口岸的建设，认为中国是世界上最大最富有的国家，其他国家只能称臣纳贡，无法容忍俄国与中国平起平坐。而彼得大帝为加强本国的经济实力，千方百计地争取在边城恰克图建立通商口岸，积极开通草原与西伯利亚之间的商路，使莫斯科与北京之间能够互相接近。两种不同态度导致的结果也完全不同，雄心勃勃的彼得大帝把俄罗斯从内陆国家变成了拥有海岸线的国家，同时把通向中国的茶叶之路打通了，为俄罗斯赢得了巨大的财富。而康熙皇帝骄傲自满的心态和闭关锁国的政策最终加速了清朝的灭亡。

常家贸易史

大约在距今500年前的明代弘治年间，车辋常家的始祖常仲林只身一人来到车辋村时，没有片瓦遮风雨，没有良田可果腹，只能依靠车辆大户刘姓人家，为人牧羊为生。后娶刘姓婢女为妻，并生子常戚，在车辋村正式安家落户。

在四世之前，常家的生活依然非常困顿，但他们总算在车辋村建房置地扎了根，过上了男耕女织的生活。到了清朝康熙年间，常家八世常威成为家族发展为清代儒商第一家的划时代人物。

常威生于康熙二十年左右，系常家七世常进全长子，大致在康熙四十年开始前往张家口行商。凭着坚韧的毅力、淳厚的品质、吃苦的精神，到雍正初年，常威已由“行商”发展成了开办小铺面的“坐商”，但买卖很小，由于在张家口开办的铺面没个正式名称，就被人称为“常布铺”。他的三个儿子常万玘、常万旺、常万达皆跟着父亲到张家口，除常万旺在张家口郊外购地务农外，常万玘、常万达相继成了父亲经商的得力助手。由于父子三人齐心协力，历经十几年的奋斗，最终使常家在张家口站稳了脚跟，获得了很大发展。常威是学业有成之后才开始经商的，常万玘、常万达也饱读诗书之后子承父业的，尤其是常万达，从小就随父亲在张家口读书，他勤奋好学，深受老师赞誉，但常威却在他即将参加科考之际，让其退出仕途从事商业，并把“学而优则贾”作为家训，告诫儿子要代代遵循。常威这一高瞻远瞩的举措，奠定了车辋常氏儒商世家的根基，在商业信誉、商业管理上都不同凡响。到了乾隆初年，常威父子已经在张家口创立了大德常、大德玉两个规模比较大的字号。常威在自己还乡养老之前，将两个字号，分别交给长子常万玘、三子常万达经营，使常家逐步形成了以常万玘和儿子常怀玗、常怀玠，常万达和儿子常怀珻、常怀珣、常怀珮为核心的两个商业集团。这两个集团，互为援引，携手发展成为张家口的重要商家，常万玘注重以张家口为大本营，稳扎稳打，向国内各大小城市延伸。常万达的目光更远大，他毅然采取了向俄蒙发展，搞国际贸易的方略。俄国对茶叶的需求量是很大的，从明朝开始，就不断地向中国政府提出贸易要求，雍正五年（公元1727）年，清政府与俄国签订了《中俄恰克图条约》，雍正八年（公元1730）年，开始了中俄边境贸易城——恰克图土地修建，但由于种种原因，一开始双方贸易并不顺畅，10多年过去了，贸易额还只有10多万卢布。尽管如此，常万达却在艰难中看到广阔的前景。乾隆十年（公元1732年），他断然将大德玉改为茶庄，在保住内贸的同时，将主要财力、精力投到了对俄贸易中，开始了开拓万里茶路绵延200余年的壮举。

为保证出品质量，讲究质量信誉，常家在晋商中首先采取了茶叶收购加工、贩运“一条龙”方式，即自行在福建武夷山购买茶山，组织茶叶生产，并在福建省崇安县的下梅镇开设茶庄，精选、收购茶叶。同时，自行创立茶坊、茶库，将大量散茶精制加工成便于收藏的红茶、砖茶。每年茶期，雇佣当地工匠达千人，然后陆地用车马运输至河口（今江西省铅山县），再用船帮，由水路运经信江、鄱阳湖、长江到汉口，沿汉水运至襄樊，转唐河，北上至河南社旗镇（今社旗县，当时，晋商称为十里店）。而后驮运北上，经洛阳过黄河，越太行山，经晋城、长治，出祁县子洪口，再于鲁村换畜力大车北上，经太原、大同至张家口或归化，再换骆驼抵达库伦、恰克图。整个路程长达1740余里。由于骆驼运输比马驮大车安全、快速、便宜，每驼可驮400余斤，所以，常家很快就组建了自己的骆驼队，兴盛时多达万余峰，骆驼也由过去的从张家口到恰克图，延长到了从黄河入晋，到俄国莫斯科等地，并因此引发沿途的特种行业“骆驼店”的诞生。这条茶叶运输的线路，就成了后人眼中与“丝绸之路”齐名的“茶叶之路”，由于这条路最显著的特征是以骆驼为运输工具，因而又叫作“驼路”。

因为常氏在对俄贸易中极具远见和谋略，又非常注重信义，很快就受到俄商及俄国政府的重视，不久便将生意扩大到恰克图以北的俄国境内，在俄国境内的莫斯科、多木斯克、耶尔古特斯克、赤塔克拉斯诺亚尔斯克、新西伯利亚、巴尔讷乌、巴尔古今、比西、上乌金斯克、聂尔庆斯克以至欧洲的其他国家陆续都有了他们的茶庄分号，使茶叶之道增长到13000多里。常家在这一决定性的历史过程中，为与当前形势发展的要求相适应，在原先“大德玉”的基础上，道光六年（公元1826年）新建大升玉，道光二十年（公元1841年）增设大泉玉，同治五年（公元1867年）增设大美玉，光绪五年（公元1880年）增设独慎玉，形成常氏一门五联号进军俄国的格局。同时，常氏还在各号增设账局，而且将账局也分别设在俄国的各个地区。

由于清末俄国重税窒息，华商遭受浩劫，常家“大德玉”连同联号“大美玉”“大升玉”“大泉玉”“独慎玉”五家在莫斯科赔偿折银达140万两。但以当时常家的财力而论，在俄国亏损的资金，绝不会仅止于上述部分。为了挽回一点损失，常家曾联合晋商向俄政府起诉，俄政府根本不予理睬。他们又返回北京，请求清政府为其做主，无能的清政府只是一味推诿。常家投诉无门，有理难诉。

与此同时，清政府的官员蛮横无理、巧取豪夺，也使常家雪上加霜，蒙受了巨大损失。例如蒙古族亲王僧格林沁的儿子小僧王，长年累月向常家借了超过百万两的银子。僧王是蒙古的土皇帝，常家不敢反抗。到了清末，僧王垮台，这笔债也就不了了之。及至辛亥革命时期，常氏的商业就基本破产了。

下篇　马

第一章

悠久绵长：追寻马的足迹

第一节　马的起源和发展

一、马种的起源和进化

马是蒸汽时代以前最优秀的畜力。马的历史极为悠久，在人类社会尚未形成以前，马就已经生活在地球上了。就像人类的起源经过一个漫长的进化发展阶段一样，马的进化和发展也有一个历程。

古生物学研究结果显示，马起源于北美洲，其祖先为始新马，早在5000万年前的始新世就已经存在。始新马的体格类似现在的狐狸，短颈，无鬃，背部隆起，身高约一尺，足有五趾，主要生活在原始森林，其外形和体态与现代马相比有着极大差异。在由始新世向渐新世过渡时期，地球气候不断变冷，森林退化，为了适应环境，繁衍生息，始新马不断进化发展。到了渐新世，其形体特征发生了一些变化，身高有所增加，脚趾变为四趾，既能在森林生活，又能适应草原环境。渐新马进而进化为中新马，中新马的身高大约67厘米，足有三趾，因此又称为三趾马。中新世时期，北美地区的森林日渐消失，变为辽阔的草原，三趾马就生活在北美草原上，并由这里走向世界，现在世界上很多地区都曾发现三趾马的足迹。三趾马又进化成上新马，上新马个体高大，四肢有力，颈部变长，背部平直，足有两趾，更加适应草原生活。大概200万年以前，上新马进化为草原野马。草原野马的活动范围更广，在北美洲、欧洲、亚洲都有分布。草原野马的身高、体态与现代马十分相似，据考证，家马就是由草原野马驯化而来。这是关于马种起源与进化问题的一般认识，也是国外学者普遍认同的观点。

虽然马种的起源暂时被公认为北美洲，但是在我国境内出土的大量马化石和众多研究资料表明，我国也是世界马种的发源地之一。我国境内曾发掘始新世马化石，如山东出土过中华原古马，在湖南发现过衡阳原古马，这两种马和在欧美发现的始新马同属一类。中新世马化石在我国也有较多发现，如江苏南京曾发掘过奥尔良安琪马，此马与法国巴黎南部奥尔良出土的马化石属于同一类别。由此可见，我国马种的起源并不晚于北美和欧洲。

我国境内出土最多的马化石是三趾马化石，主要分布在河南、山西、陕西、甘肃等地。三趾马化石的大量发现，为中国或其附近马属动物由三趾马发展而来这一观点提供了事实依据。

北京科技馆三趾马化石骨架

需要特别指出的是，三门马化石在我国境内多有发现。三门马是世界公认的现代马的祖先，最初发现于河北省桑乾河泥河湾，之后在河北其他地区、河南和山东等地也出土了大量关于三门马的化石材料，可见三门马的分布范围之广。研究表明，三门马与现代马有许多共性。三门马在上新世末期已经出现，并渐渐进化成为现代马。

在三门马存在的上新世及其后的更新世，以及马与猿人共同生活的时代，我国境内的马属动物又有新的发展，出现了许多不同种类的马属化石，包括蒲氏野马化石、华北马化石、云南马化石、现代马种化石等。其中，云南马极有可能是独立的品种，是现代云南马种的祖先；普氏野马也称蒙古草原野马，是目前世界上唯一的野生马种；现代马种化石在河南安阳、吉林榆树和华北各省均有分布，这种化石马可同三门马直接联系起来，是家马的直系祖代，后来逐渐演变为现代家马。

由以上材料可知，我国马种的起源和发展也是很早的。只是由于现在掌握的材料还不是很丰富，研究的程度也不是特别深入，很难构拟出一个马种起源进化发展的系统图谱。不过，随着古生物学和地质学研究的进一步发展，相信会发现更多的考古资料，证明中国也是世界马种的发源地之一。

二、马的驯养

在人类文明史上，马的驯养具有重大的社会和经济意义，对通信、交通、粮食生产以及战争都起着直接的推动作用。

人类何时开始驯养马匹的？以前比较流行的说法是，人类在青铜器时期才开始驯养马，这是因为在考古发现中挖掘到许多马具的青铜器。不过后来有考古学家在哈萨克斯坦北部，公元前 3500 年的古波太文化遗址中发现了养马和骑马活动的迹象。这表明人类驯养马匹至少已经有 5500 年的历史。

中国古代人类究竟何时开始驯养马匹，目前存在较大争议。

从考古发现来看，许多史前文化遗址都有马匹遗骨出土。但其分布很不均匀。

旧石器时代马骨化石的出土地点全部集中分布在我国北方和西南地区，而且主要集中在我国以东北、华北和西北为主的北方地区。在上述地区共发现28处，包括黑龙江1处，吉林3处，辽宁4处，内蒙古2处、山西7处，陕西3处，甘肃7处，新疆1处。在这28处遗址中，发掘出的马骨化石基本上都属于普氏野马种属。而且同一遗址当中发现的化石数量很多，其中特别是以距今约2.8万年的山西朔州峙峪遗址发现的马骨数量最多，按照第3臼齿统计，最小个体数可达120个。而西南地区仅发现四处，包括贵州1处，四川1处，云南2处。在这四处遗址中，发掘出的马骨化石数量不多，看不出是什么种属，有一处遗址只不过发掘到为数不多的马的牙齿化石。

新石器时代遗址中发现有马骨化石的，也都集中在北方地区。其中：

黄河中下游地区：陕西西安半坡遗址出土了两匹马的牙齿和一节趾骨。陕西华县南沙村遗址发现两具完整的马骨架。河南汤阴白营遗址发现了很多块马的骨骼。山东历城城子崖遗址发现了数块马的趾骨。

黄河上游地区：甘肃武山傅家门遗址发现一颗马牙。甘肃永靖大何庄遗址发现三块马的下颌骨。甘肃永靖秦魏家齐家文化墓地发现马骨，但数量少，且易破碎。

根据考古发掘判断，这些皆是野马，并非为人们饲养的家马，它们只是人类捕猎的对象而已。

在商代早期的遗址中，如距今3600—3400年的河南偃师商城遗址和距今3435—3410年的河南郑州小双桥遗址都发现了许多动物骨骼，包括猪、牛、羊、鹿、狗、鱼和象牙，但并未发现马骨。考古学家据此推测出，早期的商代很可能还没有开始家马驯养。

到了商代晚期，情况开始有所转变。河南安阳殷墟遗址发现了多座车马坑，一般都是 1 车 2 马。除此以外，公元 1934—1935 年秋在殷墟遗址的西北冈发掘马坑 20 个（东区 13 个，西区 7 个），每坑中马的数量少则 1 匹，多则 37 匹，而以 1 坑中 2 匹为多。公元 1978 年春，在殷墟遗址 1550 号大墓东南用探铲确认了上百个方坑，成行成列地排在一起。发掘了其中的 40 个，坑长约 2.80 ~ 3.00 米，宽约 2.00 ~ 2.20 米，深约 0.80 ~1.60 米。每坑埋马最少为 1 匹，最多为 8 匹，有 12 个坑为 1 坑 2 马，有 11 个坑为 1 坑 6 马，还有 3 坑为每坑 1 人 2 马。除马坑外，还有牛坑和猪坑等，但除了马坑是成片地集中在一起外，牛坑和猪坑都是零星地分布在埋人的坑的中间。

古文字的研究也为我们提供了证据，在甲骨卜辞中有“王畜马于兹牢”的记载，这条卜辞强调了马的重要性，证明了当时马的特殊性。

除此之外，在相当于殷墟晚期的陕西西安老牛坡遗址和属于商末周初的山东滕州前掌大遗址中都发现了车马坑。由此可以证明，至少在距今约 3400 年开始，中原地区的古人已经开始驯养家马，并能够驾驭它们来牵引车辆。

商周以后，马的作用日渐凸显，不仅用于日常运输，而且用于战争。而为了有足够的马匹供应，历代统治者都很重视养马业的发展，并形成了许多产马地。

我国古代马匹主要有六大产区，分别是西北产马区、塞北产马区、西南产马区、关东产马区、中原产马区和东南产马区。

西北产马区是古代良马的主要来源地，其中陕西、甘肃有着悠久的养马历史。公元前 900 年左右，秦国的始祖非子因善于养马得到周孝王赏识，孝王便命他去汧渭之地（今陕西千河与渭河交汇处）养马，马群蕃息兴旺，非子由此获封秦地，秦马也因此有名。汉唐时的大型国营养马场，也主要分布在陕甘一带。据载，唐代在陕甘的军马场，养育 70 多万匹战马。明代在陕甘两省屯垦繁殖军马，并建养马场。清代乾隆统治时期，在西宁至嘉峪关外设养马场，其中伊犁、巴里坤两地马场规模宏大，牧养着从内蒙古和玉门运去的种马。

塞北产马区指长城以北广阔的草原地区，这里是蒙古马的主要产地。秦汉以后，这一地区出产的马匹，主要通过贸易、战争、迁移等方式不断传入中原。唐代时，在北部边境开设马市，贡马有的来自贝加尔湖一带。从辽代直至清代，察哈尔草原都是主要的养马地。明清时期，每年向塞外运送市马三四万匹，当时民间可以在边塞自由贩马。

西南产马区形成于春秋战国时期，包括今四川、贵州、云南、西藏等地。两汉时，巴蜀商人就在这里从事马匹等畜产贸易。东汉还在四川和云南建设马苑，饲养军马。宋代以后，这里成为重要的马匹资源地。在中原和西南少数民族的茶马贸易中，蜀马、大理马等西南马品种是主要的交易对象。

关东产马区指山海关以东区域，即东北三省一带，这里也是我国古代重要的产马区之一。早在春秋战国时期，关东地区就生活着东胡等游牧民族，后来又有鲜卑、乌桓等，这些民族都属于骑猎部族，善于养马牧马。宋代时，契丹、女真族先后崛起，建立辽、金政权，都曾设立群牧制度，管理畜牧生产。辽代养马规模宏大，据载马的数量达百余万匹。金代也养马甚众，金世宗年间，仅 7 处群牧所养之马就达 47 万匹。明成祖朱棣时在辽东等地设置马市，收购松花江、黑龙江一带出产的良马，并设辽东苑马寺负责养马。清代初年也在关东建立马场，但这时的养马业已经明显衰退。

中原产马区历来是统治的中心区域，养马业颇为发达。春秋战国时期，中原地区养马成风，后来一度衰落。直到草原民族南迁，才使中原畜牧业再度兴盛。不过随着外来马种的大量引入，原来的马种渐渐消失。中原产马区主要分布在山西、河北、河南三省。唐时曾在河东（今山西）设牧监，马产甚蕃。北宋承袭唐制，也在中原地区设牧监，并推行保马法。明代则实行官马民牧。

东南产马区虽然自古养马业不是十分兴盛，但也绝非不适合养马。如在春秋晚期的吴国，由于战车使用的需要，马匹一度发展很快。从唐代到宋代，都曾在浙江、福建等地兴建养马场。明代初年，曾在江淮地区和苏南一带建造牧监十几处，这在我国南方历史上是前所未有的。

马作为人类最早驯化的牲畜之一，在人类文明历程中的作用自不待言。从出现在人类的视野中到被人类狩猎、驯养，从最基本的满足人类对食物的需求到被作为重要的交通和战争工具，马匹对人类做出了重要贡献，并和勤劳智慧的先民一起创造了灿烂的文化。

三、原始岩画中马的形象

原始时代的马是什么样的，由于年代久远，考察起来十分不便。不过，我们可以从先人遗留下来的原始岩画中找到一些重要线索。

我国的原始岩画主要分布在北方的新疆、内蒙古和宁夏等地，岩画的内容丰富多彩，马是其中常见的题材之一。马岩画主要有以下几方面内容：马和其他动物混杂的岩画、以马为主体的岩画、猎马岩画、牧马岩画、骑马岩画、马蹄印岩画等。它们清晰地展现了古代先民与马接触、猎马、牧马和用马等一系列文明成果。

以马为主体的岩画在新疆岩画中较为突出。天山北麓的奇台县北塔山阿艾提沟岩画，大约创作于3000年前。岩画中的野马形体比较粗壮，耳略长、蹄大、尾长、鬃毛短而密，和家马比起来有着明显区别。在阿尔泰山、天山北麓的洞窟彩绘和凿刻岩画上，骏马也是被作为主体来表现的。

阿勒泰切木尔切克镇玉衣塔斯有骏马岩画，画上的大马昂首，竖耳，抛尾。在天山北麓，甚至可以看到群马岩画，如在呼图壁县康家石门子的一块岩石上，刻有9匹正在飞奔的骏马。在上述岩画中，马都是被突出表现的动物形象，往往被刻画得高大俊逸，可见当时马在人们心中已有一定地位。

马在未被驯化以前，是人们主要的狩猎对象之一，因此也产生了一些以猎马为主题的岩画。新疆哈巴河县有一组岩画，画面中央绘着1匹大马，周围有一群手执弓箭、盾牌和木棒等武器的人物，其中一个佩带尾饰的人仿佛朝着大马吆喝，岩画反映的是人们围猎野马等动物的情景，场面很是壮观。新疆吉木乃县发现的一幅狩猎岩画场面更为宏大。在这幅岩画上，有的猎人在追射北山羊，有的猎人在追射野马，还有的猎人用手拦截逃奔的野马。整幅岩画充满紧张的气氛。

狩猎以后，人们往往对猎得的动物进行驯化。马被驯化以后，牧马成了马岩画的一个重要内容。牧马图主要分布在北方岩画中，多为马和其他畜类混合放牧图，如羊马混牧图、羊马牛混牧图等。当然也有许多单独牧马的图像。在阴山岩画和乌兰察布岩画中，可以看到不少牧马图。内蒙古巴彦淖尔市乌拉特中旗几公海勒斯太有一幅牧马岩画，距今有3000年左右的历史，画面中刻画了一位双手叉腰、做蹲裆式、身配饰物的牧马人形象，在其左侧有一群姿态各异的马匹。牧马图在新疆天山北麓地区的岩画上也比较多见，其中最著名是库鲁克山兴地岩画上的一幅牧马图。在这幅图中，一个牧人正骑着马驱赶马群走向草树繁茂的高坡。

骑乘是人们继猎取野马、驯服野马后的又一重要文化成果，也是马岩画中最常见的题材，岩画中的人常常骑着马狩猎或者放牧。

骑马狩猎岩画在新疆、内蒙古、宁夏、青海、甘肃等地多有发现。从岩画表现的内容来看，人们一开始只是骑马逐猎，后来才慢慢学会骑马狩猎。新疆富蕴县有一幅围猎图，画面上刻着9个骑马人，一个徒步持弓猎人，还有一个裸体男子，他们正在围猎鹿、狼、骆驼、大角羊等野兽，其中骑马人负责追逐猎物，徒步者寻机射箭。猎人们形成一个包围圈，朝众野兽围拢过来，众野兽吓得四处奔逃。整幅图画面宏大，充满动感。其他地区发现的骑马狩猎岩画中，有的骑马人依然扮演逐猎者的角色，但是更多的骑马人拿起了武器猎马。在内蒙古乌拉特中旗诺门温格尔有一幅狩猎岩画，由左右两组构成：左边有一个骑马人拿着弓箭猎羊，此外也有徒步猎羊者；右边有一个身材低矮的猎人也用弓箭对准前面的北山羊。这说明当时的人们已由骑乘学会骑射。

骑马放牧题材的岩画也很丰富。新疆阿勒泰地区有一骑马放牧岩画，表现的内容是：一个牧人骑马赶着一只鹿、一只山羊和一头野猪向草原行进，突然从旁边蹿出另外一头野猪，吓得山羊掉头往回跑。牧人见了急忙张开双臂，奋力驱逐野猪，并将逃跑的大羊截回。此岩画营造出颇为紧张的氛围。相比之下，另一幅描绘骑马放牧场景的岩画表现的气氛则轻松和谐得多。此岩画刻在一块高大的岩石上，骑马牧人位于画面中央位置，在其下方刻着11只大角羊和一条狗。狗当是牧犬。牧羊人骑着高头大马，携带牧犬，驱赶羊群，朝草原奔去。整幅岩画构图完整，重点突出，表现主次分明。

马岩画中最耐人寻味的大概要数马蹄印岩画。这类岩画自古以来多有发现。根据现在掌握的材料，内蒙古阴山岩画中有许多蹄印岩刻。如乌拉特中旗的一处岩画上就刻有几十个不同种类动物的蹄印。乌兰察布岩画中也有不少蹄印岩画，其数目之多仅次于动物图形，是最常见的主题之一，如百灵庙东北夏勒口的一块岩石上刻着马、牛、羊、鹿等不同动物的蹄印，有100个左右。在新疆阿尔泰地区也发现许多动物蹄印的岩刻，其中有一幅《逐鹿图》，位于一块黑色岩石上，上面刻有马、野驴等动物的蹄印。

通过以上对原始岩画的了解和分析，可知我国古代以马为题材的岩画是极其丰富的，它们再现了原始人类与马打交道的画面，使我们真切地认识到祖先们认识和利用马匹的历史，进而追寻到远古时代马的印记。

第二节　传统马品种

一、蒙古马

蒙古草原是我国古代游牧民族繁衍生息的舞台，是畜牧业最发达的地区之一，素以盛产名马见称，所谓“冀之北土，马之所生”“北海则有走马吠犬焉”，说的就是这种情况。战国末期，匈奴统一了蒙古草原，组建起强大的骑兵战队，时常南下侵扰汉族地区，对中原政权构成严重威胁。公元前200年，匈奴冒顿单于率领40万骑兵将汉高祖刘邦围困在平城白登山，《史记·匈奴列传》记载：“匈奴骑，其西方尽白马，东方尽青駹马，北方尽乌骊马，南方尽骍马”，其牧马之盛可见一斑。匈奴以后生活在蒙古草原的游牧民族均以盛产马匹著称，如《唐会要》记述：“突厥马技艺绝伦，筋骨合度，其能致远，田猎之用无比，史记匈奴畜马。”突厥马是隋唐时期蒙古草原各游牧民族培育的良马，与匈奴马一脉相承，机动灵活，适于远行和田猎。回纥统治下的骨利干部族亦产骏马，《新唐书·回鹘传下》载：“骨利干处瀚海北，胜兵五千，草多百合，产良马，首似橐它，筋骼壮大，日中驰数百里。”隋唐以后直至明清，蒙古草原都以盛产良马闻名于世。明代笔记体史书《译语》中说：“胡马曰毋麟，种类皆殊，毛骨自异，所谓飞兔騕褭，绝足奔放者，多产于彼。……”

蒙古马分布范围很广，因自然生态条件的差异，形成了一些不同的种群，较为著名的有乌珠穆沁马和乌审马。

乌珠穆沁马产于内蒙古锡林郭勒盟乌珠穆沁草原，耐力十足，奔跑速度快，价值较名贵。晚清徐珂《清稗类钞》说：“吾国产马之地，以蒙古、新疆为最著。蒙古多良马，乌珠穆沁旗之佳者，每匹价值数百金，寻常者亦须六七十金。四子王旗之马，佳者不及百金，劣者仅十余金。”研究显示，乌珠穆沁马和古代的突厥马有血缘上的关系。《唐会要》记述：“延陀马与同罗相似，出骆马骢马种。今部落颇散，四出者多，今在幽州北。”除同罗马外，与延陀马相类的还有仆固马、杖曳马等，这些马均属于突厥马，主要有骆马、骢马两大类。而在乌珠穆沁马中，骆马和骢马也占了相当大的比重。乌珠穆沁草原在元、清两代都是国家牧场所在地，古代的优良马种在这里繁衍生息，不易受到外界干扰，经过蒙古族人民的长期选育，最终形成了遗传性较稳定的蒙古马地方良种。

乌审马主要分布在鄂尔多斯草原东南部的毛乌素沙漠。历史上的毛乌素沙漠水草丰美，畜牧业发达。当地牧民十分重视养马业，每年在那达慕大会上都要举行赛走马、赛公马等节目，赛马获奖的公马会被选为种用。此外，在战争中立功的战马也会被用来培育良马。这对于乌审马的形成起到了重要作用。乌审马体格较小，性情温驯，善于在沙漠中行走，是人们骑乘和驮运的帮手。

内蒙古的周边，从东北三省到新疆东部，都有蒙古马的分布。如新疆东南部的巴音郭楞蒙古族自治州是蒙古族聚居区之一，这里出产的焉耆马是当地蒙古族人民以蒙古马为基础，吸收外来马种的血缘培育而成的；蒙古马种传入中原以后，华北农村地区成为蒙古马的主要扩散地，现在长城以南的农用马，大多上是蒙古马的后代。

马的年龄、性别及颜色

古代的马按照年龄、性别和毛色的不同而有诸多称呼。按年龄分，有一岁马、二岁马、三岁马、四岁马和八岁马等。其中，一岁马称为“马”“駭”，二岁马称为“驹”，三岁称为“騑”，四岁马称为“駣”，八岁马称为“馰”。按性别分，马也有多种称呼，而不是像现在只冠以公母等字眼。公马称作“驵”“騋”“騇”“駽”，母马称作“騍”“騇”“騲”，阉马称作“騬”“騵”“骟”。马的毛色丰富多彩，整体来看，有黑色、青色、紫色、白色、赤色、浅黄色、杂色等。不同毛色的马有着不同的称谓，如黄色皮毛夹杂白点的叫“骠”，杂色的叫“驳”，有黑纹如棋盘的叫“骐”，赤黄色的叫“骍”，白身黑鬣的叫“骆”，青白杂色的叫“骢”，深黑色的叫“乌骊”，色青面白的叫“青駹”，等等。

二、西域马

玉门关、阳关以西地区在汉代以后称为西域。西域世产良马，历史上很长一段时期都是中原王朝良马的主要供应地之一。西域良马品种有大宛马、乌孙马、焉耆马等。

大宛马是大宛人培育的品种，也称为天马，因其奔跑时流出的汗水像血一样鲜红，所以又得名汗血宝马。《史记·大宛传》:“(大宛)多善马，马汗血，其先天马子也。”《史记·乐书》裴骃集解引应劭曰:“大宛旧有天马种，蹋石汗血，汗从前肩膊出如血，号一日千里。”《晋书·苻坚载记》:“大宛献天马千里驹，皆汗血、朱鬣、五色、凤膺、麟身。”隋《西域图记》具体写道:“其马骝马、黑马多赤耳，黄马、赤马多黑耳，惟耳

阿哈尔捷金马

色有别，余毛色与常见不异。相传大宛国中有高山，其山上有马不可得，因取五色马置山下为集，所生之马皆汗血，因号天马子。”大宛是西域三十六国之一，在今中亚乌兹别克、土库曼斯坦一带，该地居民历来用苜蓿和大麦的混合物喂养马匹。今天土库曼斯坦的国宝——阿哈尔捷金马，就是大宛马的后代。而我国境内的大宛马，早在元代时便已绝迹。据今人研究，汉武帝陵寝茂陵东侧一号随葬坑出土的镏金铜马，就是以大宛马为模特精制而成的。镏金铜马外形俊秀，昂首挺立，鼻梁平直，颈细肩长，腹部蜷缩，四肢有力，再现了西汉时期大宛马的特征。镏金铜马的问世，反映了中原地区对大宛马的重视和喜爱。汉武帝、李白等都作过“天马歌”，热情地歌颂大宛马。

乌孙马是乌孙国的特产马种。乌孙是西域诸国中一支强大的势力，是中原王朝连接东西方草原交通最重要的民族之一，其活动范围主要在伊犁河流域。乌孙人主要从事畜牧业，尤其善于养马，有时也从事狩猎，但不事农耕。《汉书·乌孙传》记述：“其国多马，富人至四五千匹。”乌孙马骨骼高大，毛色润泽，经久耐用，不仅是重要的生活资料和生产资料，还是对外馈赠的珍品。汉武帝时期，乌孙国王曾派遣使者携数10匹良马献给汉朝。汉武帝见到乌孙进献的这几十匹良马，赞不绝口，即兴赋诗曰：“天马来兮从西极，经万里兮归有德。”后来，人们以乌孙马为种马，培育出很多优良品种，文献记录下来的有哈萨克马、伊犁马等十多个品种。历代以来，为了获得乌孙良马，中原王朝和西域诸国一直进行着绢马贸易与茶马贸易。

焉耆马产于天山南麓的焉耆国（今新疆焉耆回族自治县一带），素有“海马龙驹”的美称。焉耆马早在汉代时就名誉天下。隋唐时期，焉耆马的年产量达到 10 万匹。焉耆马向来以剽悍耐跑著称，1 匹上等的焉耆马可以日行 300 千米。古时从新疆向京师传送消息，驿站所用的驿马就是焉耆马。数十匹焉耆马接力传递奏报，1 匹马奔跑至一座驿站，另一匹马接过奏报飞速而去。如此循环，只用五六天时间就把消息传到了京城，而皇帝的命令也在五六天之内传回了焉耆。所以有“焉耆骏马到，捷报万里传”的说法。

西域良马除了大宛马、乌孙马和焉耆马，还有不少其他品种。如《汉书·西域传》谈到乌托国（约在今帕米尔高原）产“小步马”，前秦吕光说龟兹马（今库车马）“天骐龙麟，……万计盈厩”，唐代许多诗文提到于阗产五花马，等等。

知识链接

“海马龙驹”的由来

焉耆马生长在新疆博斯腾湖西北岸，向有“海马龙驹”之称。焉耆马之所以得名“海马龙驹”，与其天生的游泳本领密切相关。据称，1 匹好的焉耆马能一口气游二三十千米。焉耆马游泳的姿势轻健，入水后就像蛟龙归海，行动自如，无所障碍。焉耆马被称为“海马龙驹”，还有一个原因，那就是它们善于在博斯腾湖附近冰冻的冰滩上行走奔跑、拉车载人。其他地区的马匹若要在冰滩上行走，不预先用粗布裹住马蹄，就会摔倒，就算勉强走上冰滩，也寸步难行，但焉耆马却能在冰上牵拉着车辆和爬犁健步如飞。

三、甘青马

我国古代甘肃、青海一带亦产良驹，著名的马品种有青海骢、大通马、河曲马等。

青海骢是生活在河西走廊南面的吐谷浑人培育的。吐谷浑是魏晋南北朝时期的游牧民族，鲜卑族慕容部的一支。吐谷浑以畜牧为主，养马业十分发达，且产骏马，最著名的马种就是“青海骢”。《隋书·西域传》中记载：“中有小山，其俗至冬辄放牝马于其上，言得龙种。吐谷浑尝得波斯草马，放入海，因生骢驹，能日行千里，故世称青海骢焉。”《北史·吐谷浑传》亦记载：“青海周回千余里，海内有小山。每冬冰合后，以良牝马置此山，至来春收之，马皆有孕，所生得驹，号为龙种，必多骏异。吐谷浑尝得波斯草马，放入海，因生骢驹，能日行千里，世传青海骢者也。”青海骢是由本地母马和波斯种马交配繁育而成。因为同时具有这两种马的遗传优势，所以青海骢长得高大、神骏，具有耐劳、耐高寒等特点。青海骢一度通过朝贡、互市等方式进入中原地区。

大通马也称浩门马，因产于青海大通、门源一带而得名。《青海志略》记载：“本省东北隅旧甘肃西宁道，地及大通河……青海湖周围。产有矫健善走，力能任重之良马，以大通河下游门源县所产之马为最优。”古代浩门马的发展经历了三个阶段的种质变化：第一个阶段是汉武帝引进西域马种之前，此时的浩门马属于早期的原始品种；第二个阶段是汉武帝时期，浩门马与大宛马杂交育种，培育出新的品种“凉州马”；第三个阶段是吐谷浑人将浩门马和波斯草马杂交，培育出新一代良马“青海骢”。

河曲马原产于黄河上游青、甘、川三省交界的草原上，因地处黄河盘曲，所以命名为河曲马。它是我国地方品种中体格最大的优秀马。河曲马的形成过程比较复杂，来源不一。据记载，河曲马最早是由古羌人培育出来的。古羌人生活在青藏高原一带，以游牧为生，逐水草而居，大约在战国末期，他们将草原马带到了若尔盖黄河九曲一带，培养出了新的良马河曲马。后来，河曲马多次与鲜卑马、波斯马、蒙古马等进行杂交改良，渐渐形成了现在的河曲马。河曲马头稍显长大，鼻梁隆起微呈现兔头形，颈宽厚，躯干平直，胸廓深广，体形粗壮，具备绝对的挽用马优势。其性情温顺、气质稳重，持久力较强，疲劳恢复快，所以多作役用，单套大车可拉 500 千克重物，是良好的农用挽马。此外，河曲马在战争也应用广泛，如北宋初年多次与辽国交战，四川唐克镇就为朝廷运送了成千上万匹河曲军马，供前线作战。

四、西南马

我国西南山区在历史上也有着丰富的马匹资源，尤其是四川、云南、贵州三省盛产良马。西南马体形娇小，善于爬山越岭，可驮运货物 100 千克以上，日行 30~40 千米，是西南山区一支非常重要的运输力量。其中较著名的有大理马、水西马、乌蒙马等。

大理马也叫滇马，是古代南诏国、大理国的著名马种，史书中说“大理马为西南蕃之最”，“南方诸蛮马皆出大理国，唯地愈西北，则马愈良”。大理马在唐宋时曾作为“贡马”。南宋时，朝廷在邕州（今广西南宁）设置马市，收买西南马，马匹皆来源于大理。大理马中以越赕骏最为有名，《岭外代答》记述：“闻南诏越赕之西产善马，日驰数百里，世称越赕骏，蛮人座马之类也。……蛮人宁死，不以此马予人。”这种马 1 匹可值黄金数十两。

水西马又称黔西马，主要产于毕节地区。这种马身体矮小，动作灵敏而稳健，能吃苦耐劳，适应走山路。《滇行纪程》中说：“滇中多良骑，质小而蹄健，登危蹬若平地，故水西之骏，滇黔多贵之。”水西马在南宋时期是茶马贸易中的主要交易品，被充当战马出售。据文献记载，1 匹水西马价值 30 两银子，能换取 30 匹布，或 100 斤茶叶，或 100 斤盐巴，可见其价值不菲。

乌蒙马主要产于云南昭通，其善走崎岖山路、夜路、陡坡，是山区的主要运输畜力。《滇南见闻录》载："滇中之马善走山路，其力最健，乌蒙者尤佳，体质高大，精神力量分外出色，列于凡马内，不啻鹤立鸡群。"乌蒙马的历史十分悠久，在昭通盆地曾出土不少三趾马和云南马化石，它们应是乌蒙马的直系远祖。东汉时期的车马画像砖，可证明当时乌蒙马已用于战争。明清时期，乌蒙马成为西南马中具有代表性的名马，是茶马交易的重要对象，据记载，明洪武十七年（公元 1384 年）规定，每年以盐茶易乌蒙马 4000 匹。

第二章

绚丽多姿：马具和马饰

第一节　马　具

马具是指为了驾车或骑乘而加戴在马身上或掌握在人手中的各种用具，一套完备的马具，由辔头、马鞍、马镫、马蹄铁等部分组成。

一、辔　头

辔头也称为马笼头，是笼在马头上控御马匹的工具，由缰绳、络头、马衔（马嚼子）和马镳（马嚼子两端露出嘴外的部分，用来固定马衔）等部分组成。辔头在商周时期就已产生。殷墟武官村大墓北墓道出土的马骨上，就发现有铜饰的辔头。复原后的模型显示，络头部分由额带、颊带、鼻带、咽带组成，每条带上都有青铜泡饰，两带相接处用十字形铜节串联。额中“当卢”部位装饰荷包形大铜泡，马嘴角处有一枚四联铜泡相串联，上系缰绳。不过，此辔头上并没有衔和镳。1936年，在殷墟小屯村发掘出土了一座墓葬（M164），墓中马络头的结构和武官村大墓相同，只不过佩饰更为华丽，上面缀有贝、玉燕等饰品，“当卢”处饰有一枚大蚌壳，此外还有衔、镳等部件，其中的衔由玉制成，足见其华贵。

西周时期的络头大致和商代相同，但更讲究装饰，发掘出土的西周辔头中常常可以看到青铜泡饰、贝类饰物。甘肃灵台白草坡西周墓中出土的辔头，马鼻部位缀有青铜当卢。陕西西安张家坡西周车马坑发掘的辔头，还加有铜马冠。一些西周晚期墓中发现有青铜马衔和角制马镳。

西周以后，辔头的结构日渐完备。东周墓葬中出土不少青铜马衔和角制马镳，马镳贯穿在马衔两侧露出嘴外的环中。战国末期，马衔和马镳的形制又有所变化。到了秦代，辔头基本定型。秦始皇陵铜车马中，辕马所佩的辔头和先秦时期基本一致，由额带、颊带、鼻带、咽带组成，上有金银泡饰、节约等饰件，额带中央有叶状金当卢，铜衔银镳，镳呈长体弧形。秦始皇兵马俑中骑兵俑所牵战马，辔头形制与铜车马大致相同，但不如铜车马华贵。秦汉以后，辔头的基本结构没有太大变化，但细部有所调整，饰件的风格也越来越多样化。

二、马　鞍

马鞍是马背上供人骑坐的器具，它出现的时间要晚于辔头。古人最初骑乘时，都是直接骑光背马，并不用什么垫具，而骑光背马有着很大不便，一来不容易控制马的动作，二来骑乘时间久了人会感到不适。因此后来人们就在马背上放置一些类似褥垫或坐垫的东西，在此基础上，逐渐发展成马鞍。

骑马坐垫的图像最早见于战国时期的一面铜镜上。这面铜镜出土于洛阳金村，画面上刻画着一个身穿甲胄、执缰持剑的武士和一匹骏马，马的头部戴着辔头，胸前有鞅，背上有鞯但没有鞍，表明当时中原地区已经使用鞍鞯之类的马具。

在秦始皇陵兵马俑坑中，骑兵俑所乘战马的背上也有类似鞍鞯的马具。二号兵马俑坑发现陶制鞍马 116 匹，马头上都戴着辔头，马背上雕有鞍鞯。鞍鞯似由皮革制成，两侧稍稍隆起，中部下凹，鞍面呈白色，上缀 8 排粉红色鞍钉，鞍下为绿色的鞯。鞯的前后部和左右两侧均饰有叶形和条带形彩带。鞍上有一条扣带环绕马腹，将鞍固定在马背上。鞍后有鞧带绕过马尾攀于马臀，防止鞍具向前偏斜。这时的鞍鞯，相比战国时期已有很大进步。鞍前后两端稍微隆起，中部略凹，与马背上的坐垫有所区别，可视为低桥鞍。此外，鞍上虽然有肚带和后鞧带，但前面没有胸带来固定鞍具，马鞍容易向后滑动。这说明当时的马鞍尚处于发展的初级阶段。

汉初的马鞍仍然属于低桥鞍，不过相比于秦代有所进步。考古出土的马鞍实物显示，这一时期的鞍桥虽然很低，但已有了胸带。西汉后期至东汉年间，鞍桥逐渐增高，低桥鞍发展为高桥鞍，许多考古遗址出土的马鞍实物证明了这一史实，如甘肃武威雷台出土的东汉铜马所用马鞍就是高桥鞍。到了晋代，高桥鞍的使用已经相当普遍，从晋代墓葬中发现的诸多陶制或木制马鞍清楚地反映出这一点。湖南长沙西晋永宁二年（公元 302 年）墓葬中出土的陶制马鞍，前后桥都高而直立，鞍桥周围有圆泡饰。河南安阳孝民屯 154 号墓出土的马鞍实物为木制，出土时已经腐朽。该马鞍前后桥直立于鞍板前后，都镶包鎏金铜片，都是上宽下窄，后桥比前桥大一些，也比前桥高一些。两广地区的晋墓出土的陶马鞍，也属于高桥鞍。高桥鞍虽然比低桥鞍进了一步，但鞍桥高而直，不利于骑乘者后仰，因此大约到了北魏时，对鞍桥形制进行了改进。当时鞍桥的特点是前鞍桥高而直立，后鞍桥矮而向后倾斜，北齐墓中发现的陶制鞍具便表明了这一点。到了隋唐时期，这种形制的马鞍已经十分流行，马鞍的形状基本定型，此后历代均相沿用，无大变化。

知识链接

鞧带发展史

鞧带也称鳅带，是络在马臀上的一种带子，一般由皮革制成。鞧带也有一个发展历程。秦代以前，马主要用来拉车，所以当时的马具只有胸带没有鞧带。秦代以后，马的骑乘功能得到充分发挥，鞍具广泛应用，鞧带开始出现，主要为单条式鞧带。在秦始皇陵兵马俑和西汉早期墓葬中均发现鞧带的遗迹。西晋时，出现了一种比较复杂的网状鞧带，由纵横多条带子组成，带子网结处常常缀有饰物。到了唐代，网状鞧带有所简化，横带的数量减少，一般仅有一条，横带同所有的纵带相连。这时也使用一种蹀躞鞧带，是垂于马股后的饰带。

三、马　镫

马镫是垂悬在马腹两侧，供骑乘者踏脚的器物。它是马具中至关重要的一个部件。

在没有马镫的年代，因为马的躯体较高，除非骑乘者身手非常矫捷，能自己跃上马背，一般人上马时都是需要别人托举等的帮助，或者需要自己预先站在一块石头上，然后再跨上马背。在奴隶制社会，奴隶主阶层甚至把奴仆当成“上马石”，让奴仆跪伏在地，踩着他们的脊背跨上马背。而没有马镫的支撑，骑马驰骋也是一件十分辛苦和危险的事情。骑乘者要时刻用双腿紧紧夹住马腹，或者用双手牢牢抱住马颈、抓住马鬃，即便如此，稍有不慎也会坠马，造成损伤。这就使得马镫的发明势在必行。此外，高桥马鞍的出现也是促使马镫产生的一个因素。西晋时，鞍桥变高，且直立，导致骑乘者上下马更为不便，于是马镫应运而生。

北燕冯素弗墓出土的马镫

目前所知年代最早的马镫发现于1976年出土的甘肃武威南滩魏晋一号墓中，此马镫为铁制，由于出土时已经朽残，形制无法考证。在长沙西晋永宁二年墓出土的陶俑坐骑上有一只马镫，为三角形小圈，系挂在马左侧前鞍桥处，骑者的脚并没有踩在上面。这说明这种马镫只是供骑者上下马时蹬踏使用，上马以后就没有什么用处了，可以视为马镫的原始形态。由于原始马镫并没有解决骑乘时的安全问题，所以古人又对其进行了改造，制作出了真正的马镫，辽宁北票西官营北燕冯素弗墓发掘的两个圆三角形、木芯包鎏金铜片的马镫就是其代表物。隋唐以后，马镫形制又有所变化，结构更加完善，也更为实用，镫柄变短，镫体上部呈圆弧形，踏脚部位改为微有弧曲的宽平沿，方便乘者蹬踏。

马镫的发明和应用，标志着骑乘用马具的完备，在历史上具有划时代的意义。它在日常的生活中，使许多没有经过正规训练的人也能轻松跨上马背，并在马上保持身体平衡和稳定。马镫还用于军事斗争，使骑兵上下马迅速，骑在马上不会轻易坠地，驾驭战马更为自如，还可以且骑且射，完成左劈右砍等战斗动作。可以说，马镫的出现使骑兵的速度优势得到了充分发挥，拉开了以骑制步、以少胜多、以快击强的“骑兵时代”的序幕。

公元6世纪时，马镫从我国传入欧洲，被欧洲人称为“中国靴子”。马镫的传入也对当时的欧洲产生了深远影响，使其进入了骑士时代。

四、马蹄铁

马蹄铁又称为马掌，是钉在马蹄上保护马蹄不受伤害的用具。

在古代，马是重要的交通工具，有时一天要走很多路。如果不对马蹄做保护措施，奔跑的时间久了，马蹄的角质层就会受到磨损，久而久之便会开裂，到时马就瘸了，无法再供人骑乘或者拉车。如果是战马这种更为重要的马匹，马蹄受损甚至会影响整场战争。因此古人十分重视对马蹄的护理和保护。

在马蹄铁产生以前，人们对马蹄的护理和保护主要表现为削蹄。削蹄，就是将马的蹄甲修理整齐，以利于马的长途奔驰。关于削蹄的记载最早见于《庄子·外篇·马蹄》:“及至伯乐，曰:‘我善治马。’烧之，剔之，刻之，雒之，连之以羁馽（zhí），编之以阜（zào）栈。”古今学者多认为此处的“刻之”指的就是削蹄。汉代时，为了不使马蹄受伤，人们曾给马穿上皮制的马鞋，但由于行动不便，这种马鞋不久就被废弃了。

马蹄铁的使用是从北方少数民族地区开始的，考古人员曾在吉林集安高句丽好太王陵中发现马蹄铁的实物，其时代在魏晋南北朝时期。近年来，考古工作者又在内蒙古通辽市鲜卑民居房址中发现马蹄钉的遗存，年代大约为东汉至西晋时期，说明在鲜卑族早期就已经使用马蹄铁了。而在中原地区，马蹄铁的使用要晚得多。唐代以前没有使用马蹄铁的确凿证据，关于马蹄铁的确切记载，最早始于五代时期。《于阗国行程记》中记述，后晋天福三年（公元938年），彰武节度判官高居诲等人出使于阗，从当时回鹘牙帐驻地甘州（今甘肃张掖）进入茫茫戈壁，因砂石路面难以通行，甘州人遂教其做马蹄木涩。“木涩”指的就是马蹄铁。虽然在五代时期中原王朝的使者就从少数民族那里掌握了钉马掌的技术，而之后很长一段时间中原王朝都与少数民族保持着密切联系，但是马蹄铁的技术并未在中原地区流传开来。直到元代，马蹄铁才在中原广泛使用。

第二节　马　饰

马饰指马身上的装饰品。古代除了重视马具的建设外，也十分看重对马的装饰。古代的马饰包括銮、马冠、当卢、节约、杏叶、寄生等。

一、当　卢

当卢是系在马头上的金属饰件，一般放置在马额中央偏上部，通过额带固定在马鼻革和额革的交接处。

当卢是一种相当古老的马饰，早在商代时就已经出现了。在河南安阳殷墟出土的车马坑中，考古工作者曾在马络头正中发现大型铜泡，一般认为这就是当卢的雏形，也有以大蚌壳作为当卢的。

根据目前掌握的考古资料来看，商代晚期已经出现了多种形式的青铜当卢；西周早期沿袭了部分商代传统，马饰中也有当卢的存在，但是到了西周晚期，几乎看不到当卢的使用；春秋时期，当卢再次出现，并一直流传到秦汉时期。尤其是西汉，当卢十分流行，制作和使用相当普遍，河北保定满城汉墓一号墓中曾出土 30 多件当卢，江西南昌西汉海昏侯墓则出土了 80 多件当卢。

当卢的制作材料多种多样。现在发现的当卢材质主要有青铜、金、银、锡等，其中青铜当卢或青铜鎏金当卢数量最多，金、银当卢最为贵重，其主人的地位也更为显赫。

当卢的形制十分丰富。商代时主要为圆泡形、荷花形、楸叶形当卢，西周时流行双角当卢、长条形当卢等，春秋战国时期则以镂空圆形当卢居多。秦汉之时又产生了许多其他形式的当卢，但主要流行的是叶形当卢。唐宋时由于受马具装“面帘”的影响，当卢渐渐演变为类似“面帘”的形状。

二、杏叶饰件

杏叶是流行于唐代的马饰。唐代时常在攀胸、鞦带等马具上悬挂金属杏叶。在汉代，相当于杏叶的装饰称为珂。《西京杂记》中说汉武帝时盛饰鞍马，“以南海白蜃为珂”。汉代用海贝制作的珂目前尚未发现实物，不过出土过金属制成的珂，如广西西林普驮铜鼓墓、朝鲜平壤乐浪王根墓和蒙古诺彦乌拉匈奴墓中都发现过金属珂，珂为匕头形，上窄下宽，材质有银的，也有铜质鎏金的。王根墓出土的银珂一式 12 件，每一件上都镶嵌 6 颗红玛瑙。十六国时期，马饰中也有珂的存在，河南安阳孝民屯 154 号前燕墓中曾出土有铜马珂，是装在鞦带上的，外轮廓与王根墓出土的银珂极为相似。北齐陶马上有圆形珂。唐代则多用叶形珂，这种珂通常称为杏叶。王勃《春思赋》：“杏叶装金辔。”《宋会要辑稿·舆服六》:“攀胸上缀铜杏叶。”这里的杏叶就是马珂。唐代杏叶造型优美，样式多样，上面常常雕刻卷草、宝相花等植物图案，以及麒麟、狮子、鸳鸯、鸾鸟等动物图案。其制作材料也比较丰富，有铜、银、鎏金和琉璃镶嵌等多种。

唐代的银杏叶有时也称为银花。白居易诗云“翩翩白马称金羁，领缀银花尾曳丝”，这里的“银花”指的就是垂在马胸前的银杏叶。悬挂在鞦带上的杏叶又叫压胯。秦韬玉《横吹曲辞·紫骝马》:“膘大宜悬银压胯，力浑欺着玉衔头。”宋代时杏叶名为校具，其纹饰和重量根据乘马者官职的大小而有所差异。比如宰相、枢密使等用牡丹花校具 80 两，枢密副使等用太平花校具 70 两，三司使等用麻叶校具 50 两，以下还有宝相花校具、洛州花校具、蛮云校具和槲叶校具等类别。唐代杏叶的纹饰虽然跟宋代有一些相通之处，但并不像宋代那样有着严密的制度。

三、寄　生

寄生是战马身上的装饰物，由竹枝或羽毛制成，外形像一把扇子或扫帚，竖立在马臀部的具装上。战马驰骋时，寄生在骑者背后随风摇曳，看起来十分美观威武，而且它还可以遮蔽骑者的后背，保护骑者不被敌方箭弩射杀。

寄生是由马尾的束缚演化而来，据现有的考古资料分析，寄生最早在东汉时就已经出现了。四川省德阳市出土的画像砖上有一幅骑吏图，为我们展示了寄生的雏形。在这幅图像上，骑者与马尾之间有一根长条，长条的顶端缀有一个圆环，当马奔跑的时候，那根长条就会随风飘动。这仅仅是一种装饰物，还不是真正意义上的寄生。云南省昭通发现的东晋时期霍承嗣墓画像砖上的装饰物形象，明显是寄生和战马具装结合的产物，不过其主要作用仍是美化装饰，保护骑者的功效甚微。

到了南北朝时期，具装甲骑成为战场的主力，原来起装饰作用的寄生渐渐演化成保护性装置，形态也发生了巨大变化。河南邓州学庄村曾出土一座南北朝时期的画像砖墓，墓中有一块砖上模印着彩色铠马图，图上有两人，一前一后，分别牵 1 匹马，前面的马全副铠甲，臀部有长扇形的寄生，足以遮挡骑者的后背，后面的马则没有具装，也不装寄生，由此可见，有寄生的具装战马是用于冲锋陷阵的。

到了隋代，早期的时候还可以在马具中看到寄生的使用，但后来随着轻骑兵的广泛使用，寄生成为华而不实的马具，于是渐渐被淘汰，不过在战马臀部原来安装寄生的地方出现了一种火珠状的装饰。进入唐代后，这种火珠状装饰已经定型，敦煌莫高窟第 321 窟唐初壁画“侍从图”中，人物坐骑的臀部有一小型凸状环形物件，类似隋代的火珠状饰件。懿德太子墓中出土的马俑上火珠已经脱落，但还保留着装火珠的孔。

唐代以后，寄生渐渐消失，文献记载和图画中也没有关于寄生的描述。北宋成书的《武经总要》中绘有整套马甲的图像，在图中只能看到面帘或半面帘、鸡颈、当胸、马身甲、搭后等部分，已经看不到“寄生”。可见，寄生只是特定历史时期流行的一种马具。

知识链接

三花马

唐代十分重视对马本身的修饰，当时除了按照传统习惯将马尾缚结起来，也将马鬃剪短。修剪马鬃时专门留出三绺长鬃，或将其剪成三个连续的半圆，称为“三花”，马鬃剪为三辮的马，称为“三花马”。

在马鬃上剪出鬃花的做法并不是起源于唐代，早在秦代时就已经出现了，秦始皇陵兵马俑的战马俑中就有剪成一花的，汉代时常常将马鬃剪成双花，不过当时这种风气并不普遍，而唐代的三花却十分流行，甚至为周边的一些少数民族所效仿。

第三章

骑乘与骑战：马在生活和军事中的应用

第一节　骑马出行

一、汉族先民的骑乘之风

我国古代中原地区骑马的历史要比乘车的历史晚得多，汉族先民骑乘的历史究竟始于何时，目前并未达成统一的看法。不过普遍认为，单骑在中原地区的骑兵产生以前就已经出现了，因为在先秦典籍中可以找到相关记载。

《诗经》中就有关于骑乘的描述。《周南·卷耳》云："采采卷耳，不盈顷筐。嗟我怀人，寘彼周行。陟彼崔嵬，我马虺隤。我姑酌彼金罍，维以不永怀。陟彼高冈，我马玄黄。我姑酌彼兕觥，维以不永伤。陟彼砠矣，我马瘏矣，我仆痡矣，云何吁矣。"这首诗写的是一个采卷耳的女子怀念远行的丈夫，想象着他在途中遇到的各种困难。其中“我马虺隤”“我马玄黄”“我马瘏矣”等句，表现的是假想中马匹疲惫的情形。此处并未出现与骑乘有关的字眼，不过从整首诗来看，似乎并非用马驾车，而是骑马出行。

《左传》中亦有关于单骑的描述。《左传·襄公二十六年》：“左师见夫人之步马者。”《左传·昭公二十五年》：“左师展将以公乘马而归，公徒执之。”历代对这两段文字的认识不尽相同。“步马”其实是遛马的意思，按照现在的理解，可以是牵着遛马，也可以是骑着遛马，不知道古代的遛马方法是怎样的，但不能否定其为骑遛。“乘马而归”一般解释为驾车归来，不过也有解释为骑马的。这两则材料常被人们引用，作为中原地区汉族有骑乘甚至有骑兵的证明。

从这些有争议的史料片段来看，在骑兵产生之前，汉族地区也许早有骑乘的现象，但即使有骑乘，也仅仅是个例，还没有在整个民族中形成一种风俗。

骑兵在中原地区产生以后，汉族的骑乘之风才渐渐兴起。秦始皇陵兵马俑坑中发现的骑士俑，汉朝多次与匈奴作战的骑兵，都说明秦汉时期骑乘之风兴盛，虽然当时骑乘主要分布在军队中，但不可能不对民间产生影响。汉代画像石与陶俑中，也常常可以看到骑乘现象。魏晋南北朝时延续了前代的骑乘之风，并有所发展。尤其是北方，匈奴、鲜卑、羌、氐等游牧民族纷纷建立政权，更是将骑乘习俗带入了中原。进入唐代后，骑乘之风极为盛行。

西安博物馆汉代骑马俑

在唐代，马、驴、骡等牲畜是主要的陆路交通工具。人们平时出行基本上都是骑马，贵族官僚更是如此。一些官僚还在家里饲养良马，以供出行使用。唐肃宗时，冀国公裴冕就曾在家中畜养十几匹马，每匹马都是良驹，价值百金。当然也有不讲求马匹质量的，比如赵郡公李怀远，虽然身居高位，但是生活简朴，时常骑 1 匹行动迟缓的“款段马”。李白曾作诗曰：“昔骑天子大宛马，今乘款段诸侯门。”将大宛马和款段马放在一起对比，可见款段马并非良马。有些朝中大臣看不惯李怀远骑款段马出行，便劝他买 1 匹与他身份相符的骏马骑乘，不过李怀远并未接受同僚的意见，依然骑着他那匹行动迟缓却很驯服的“款段马”。韩滉在官场几十年，一共骑乘了 5 匹马，被认为是廉洁官员的典范。可见，当时腐败的官员所骑乘的马匹数目定然不在少数。唐代的一些文人在离家远行时常常骑马，这从他们的诗歌作品中可以看出来，如李白的“挥手自兹去，萧萧班马鸣”，孟郊的“春风得意马蹄疾，一日看尽长安花”。至于那些长年在外的“游侠”，行走时更是离不开马匹，如王维《少年行》：“新丰美酒斗十千，咸阳游侠多少年。相逢意气为君饮，系马高楼垂柳边。”

唐代壁画和陶俑中，常常可以看到骑马出行的画面，如唐昭陵长乐公主墓发现有骑马俑 22 件，其中女骑马俑有 11 件，表明当时在女子中也流行骑乘。在民间，骑马也很常见，此外还有骑乘驴、骡的。

宋元明清亦流行骑乘，尤其是元代，骑乘风俗达到了一个新的高潮。

元朝是多民族的封建国家。蒙古族入主中原后，进一步推动了骑乘之风的发展。元朝皇帝出行时一般都是骑马，随从的官员也常常乘马而行。元代朝廷实行两都巡幸制，从元世祖忽必烈开始，每年冬夏历代皇帝都要往返于燕京（大都）和开平（上都）之间。叶子奇《草木子》中记载：“元世祖定大兴府为大都，开平府为上都。每年四月，迤北草青，则驾幸上都以避暑，颁赐于其宗戚，马亦就水草。八月草将枯，则驾回大都。”皇帝巡幸上京，百官随从前往。跟随皇帝出行者，要遵循一定的礼仪。其中就有关于骑乘马匹的规定。杨瑀在《山居新语》说道："国朝有禁，每岁车驾巡幸上都，从驾百官不许坐骟马，唯骑答罕马。答罕马，二岁驹也。"

皇帝出行乘马，文武百官、文人墨客和平民百姓出行也将马作为主要的交通工具。元杂剧、散曲中有不少关于骑马场景的描绘，如马致远的《天净沙·秋思》。历史文献中也有诸多这方面的记载。

元代以后，骑马出行的习俗一直承传。直到现在，在一些交通不便的偏远地区，如西北农村、西南山区，还可以看到骑马出行的痕迹。

二、马背上的民族

骑马在游牧民族中十分常见，尤其在匈奴、鲜卑、突厥、蒙古等北方游牧民族中，真可谓是"人不弛弓，马不解勒"。游牧民族的生活与马有着密切联系，他们放牧、狩猎、出行、经商、作战等都离不开马，马成为他们最好的伙伴，他们也因此被称为"马背上的民族"。本节只选择几个在历史上有过重大影响的游牧民族予以介绍。

1. 匈奴

匈奴是我国历史上一个骁勇善射的游牧民族，自公元前3世纪到5世纪，一直活跃在北方辽阔的草原上。匈奴人擅长骑射，与其生存环境密不可分。匈奴人以畜牧和狩猎为生，游牧的过程中必须依靠快马，才能猎获更多的食物。此外，草原上部落众多，各部之间常常爆发战争，也需要快马轻骑去应对。公元前3世纪左右，匈奴人已经开始骑马射猎。《史记·匈奴列传》记载，匈奴人"儿能骑羊，引弓射鸟鼠，少长则射狐兔，用为食。士力能毌弓，尽为甲骑"。年幼的时候骑羊，张弓射鸟鼠，长大后骑马射猎，充当甲骑。史籍中对匈奴骑兵的描写颇多，如"飙举电至""兽聚而鸟散，从之如搏影"……都是说匈奴骑兵迅速灵活，来去如风。

2. 蒙古族

蒙古族是我国北方主要民族之一。蒙古族以畜牧业为生，在整个畜牧经济中，马牧业占据重要地位。据史料记载，成吉思汗的先祖曾拥有大量马匹。成吉思汗统一蒙古前，蒙古各部落基本都是以游牧为主，并都善于养马。当时各部落之间往来征战，主要的作战力量都是骑兵。成吉思汗就是依靠强大的骑兵统一了蒙古各部。大蒙古国建立以后，成吉思汗及其子孙更是凭借蒙古骑兵南征北战，建立起空前强大的军事强国。蒙古骑兵战士一般一人拥有好几匹战马，如南宋彭大雅《黑鞑事略》载："人二三骑或六七骑。"赵珙《蒙鞑备录》也说"凡出师，人有数马，日轮一骑乘之，故马不困弊"。

除了征战，马在蒙古人的衣、食、住、行、用、玩等方面也扮演着重要角色，蒙古族的叙事文学及音乐、舞蹈等，也将马作为重要的表现对象。可以说，马是伴随蒙古人一生的亲密伙伴。

3. 突厥

突厥是我国古代北方和西北地区的游牧民族，大约在公元6世纪兴起于今新疆东北部地区。突厥亦以畜牧业为经济支柱，牲畜在整个民族的生产生活中占有重要地位，尤其是马、羊，不仅是突厥人衡量财富的标准，也是突厥民族兴亡的重要标志。史料记载，突厥以骑兵发展壮大，突厥汗王曾拥有骑兵数十万、战马数百万。唐玄奘《大唐西域记·序》中称突厥为"马主"："赡部洲地有四主焉，南象主则暑湿宜象，西宝主乃临海盈宝，北马主寒劲宜马，东人主和畅多人。……马主之俗，天资犷暴，情忍杀戮，毳帐穹庐，鸟居逐牧。""马主"的称谓反映出突厥马牧业的发达。突厥人善于制作马具，在一些出土的突厥墓中发现不少银马具和铁制的马辔等，说明当时突厥的锻制技术已经达到相当高的水平。突厥在南北朝时就已经和中原各朝互通往来，到了隋唐时期，这种联系更为紧密。隋唐之际，虽然中原王朝和突厥之间战争频繁，但互市贸易从未间断，唐代的许多牛马都是通过与突厥等民族互市获得的。玄宗年间，唐在西受降城与突厥互市，用布绢等物交换突厥的马匹。突厥良马的引入，对中原地区马种的改良和养马技术的提高，具有积极意义。

第二节　骑兵与骑战

一、骑兵的产生和发展

骑兵是古代军事战争中最机动灵活和具有战斗力的兵种。我国骑兵有着悠久的历史。一般认为，中原地区的第一支骑兵是在赵武灵王"胡服骑射"以后产生的。

战国时期，赵国地处北方，与之相邻的大多为胡人部落，尽管他们与赵国之间没有发生大的战争，但小的骚扰和掠夺从未间断。由于胡人都是身穿短衣、长裤，在马上作战时动作十分灵活方便，而赵国军队虽然武器比胡人精良，但多为步兵和兵车混合编制，加上士兵都身穿长袍，甲胄笨重，骑马很不方便，因此在与胡人对战中经常处于劣势。鉴于这种情况，赵武灵王决定向胡人学习骑马射箭。而要学习骑射，首先必须改革服装，采取胡人的短衣、长裤服式。于是，赵武灵王于公元前 302 年开始改革，要求全国男子改穿胡服。他的想法首先遭到以他叔叔公子成为首的一些人的极力反对。赵武灵王为了说服公子成，亲自到公子成家做工作，他用大量的事例说明学习胡服的好处，终于使公子成同意胡服改革，并表示愿意带头穿上胡服。赵武灵王做通公子成的思想工作后，仍有一部分王公贵族和朝廷大臣表示不赞成。他们指责赵武灵王说："衣服习俗，古之理法，变更古法，是一种罪过。"赵武灵王批驳他们说："古今不同俗，有什么古法？帝王都不是承袭的，有什么礼可循？夏、商、周三代都是根据时代的不同而制定法规，根据现实情况而制定礼仪。礼制、法令都是因地制宜，衣服、器械只要使用方便，就不必死守古代那一套。"

赵武灵王力排众议，在大臣肥义等的支持下，下令在全国改穿胡人的服装，由于在日常生活中，身穿胡服的民众做事时更加方便了，很快获得人民群众的拥护与支持。

赵武灵王在胡服措施成功后，接着训练骑兵队伍，改变了原来的军事装备，赵国的国力也日益强大起来，不仅将过去常常侵扰赵国边境的中山国打得落花流水，而且还向北方开辟了上千里的疆域，成为当时的"七雄"之一。

继赵国后，其他诸侯国也发展了骑兵，但是各国骑兵的规模都不是很大。据调查，在赵武灵王"胡服骑射"进行七八十年以后，赵国名将李牧编组的军队中骑兵的占比尚不足8%，而其他诸侯国军队中骑兵的比例仅仅为1%左右。虽然这一时期骑兵的数量不多，但是这支新生的武装力量已经开始在战场上崭露头角。军事家孙膑曾对骑兵作战的优势进行详细阐述："用骑有十利：一曰迎敌始至；二曰乘敌虚背；三曰追散击敌；四曰迎敌击后，使敌奔走；五曰遮其粮道，绝其军道；六曰败其津关，发其桥梁；七曰掩其不备卒，击其未振旅；八曰攻其懈怠，出其不意；九曰烧其积聚，虚其高里；十曰掠其田野，系累其子弟。"竹简本《孙膑兵法》中还提到了骑战："易则多其车，险则多其骑。"认为地势平坦的地方适合进行车战，而地势险阻的地方应当采取骑战。在实战当中，骑兵有时能够起到制胜的作用。公元前 260 年的秦赵长平之战，“秦奇兵二万五千人绝赵军后，又一军五千骑绝赵壁间，赵军分而为二，粮道绝”。致使 40 万赵军无一生还。这次战役的胜利，很大一部分取决于骑兵。

秦汉时期，骑兵的规模扩大，在军事上发挥的作用更加突出。秦始皇陵出土的大量骑兵俑，就是秦代骑兵状况的真实写照。从发现的秦始皇兵马俑的阵容上来看，当时的骑兵并没有作为一个独立作战的军种单独列出，它们是在配合战车兵和步兵作战。秦末农民起义军中，都建有自己的骑兵部队。楚汉相争时，项羽拥有几万精锐骑兵，实力强大，刘邦领导的汉军根本不是其对手。刘邦看到骑兵的威力，为了能和项羽抗衡，便派手下大将灌婴组织一支骑兵队伍，并与项羽的骑兵大战于荥阳以东，破项羽骑兵。垓下之战时，也是汉军的这支骑兵将楚军彻底击溃。虽然这一时期骑兵得到了很大的发展，但其地位并没有超越战车。从秦始皇陵兵马俑坑的布阵来看，步兵数量最多，是当时的主要兵种，车兵数量居第二位，仍是当时的重要作战力量，而骑兵数量较少，说明骑兵尚处于从属地位。

骑兵成为作战主力始于西汉武帝时期。在西汉与匈奴的对战中，双方都以骑战作为主要作战方式，战车退为运输粮草和保护营地之用。由于骑兵能够最大限度地发挥战马的优势，并适合在各种复杂的地形作战，所以骑战逐渐代替车战。进入南北朝以后，匈奴、鲜卑等善于骑射的北方游牧民族先后进入中原，骑兵彻底成为军队的主力。

二、轻装骑兵与重装骑兵

我国古代早期的骑兵，防护装备相对简单，身穿比较轻便的盔甲，使用小巧灵活而不失锋利的武器，如弓箭、环首刀等。战马只有马鞍、缰绳等装备，没有马甲，也没有马镫。这样的骑兵就是轻装骑兵。虽然他们的攻击力有限，但却有着出色的机动能力，可以独立作战，也可以和其他兵种配合，执行很多特殊任务。

后来随着战事的增多和战争激烈程度的增加，对骑兵的防护越来越重视，骑兵的铠甲由原来只覆盖前胸后背到覆盖全身，而战马也开始装备铠甲。汉末三国时期，这种人和马都装备铠甲的骑兵已经投入战场，曹操曾在《军策令》中说："袁本初铠万领，吾大铠二十领，本初马铠三百具，吾不能有十具，吾遂出奇破之。"官渡之战时，袁绍军中的马铠只有三百具，而曹操连十具都没有，可见当时马铠的使用还不广泛。

两晋十六国时期，马镫被发明出来，并得到广泛应用，这时骑兵就算身穿再重的盔甲，也不会从马上掉下来。于是，真正意义上的重装骑兵产生了。

重装骑兵也称为铁骑，即身穿铁甲的骑兵。两晋十六国时期，北方的一些游牧民族中出现了人穿全身铁甲、马披全身皮甲的铁骑。根据现已出土的文物，并结合有关文献，我们可以清楚地看到当时铁甲重骑兵的样子。骑士戴着头盔，全身披着铠甲，手执长矛、刀、斧等兵器。战马也从头到尾披着铠甲，头、颈、躯干都被铠甲遮护，只露出耳朵、眼睛、口鼻、尾巴和四肢。这样的重装甲骑兵具有极强的防御力、冲击力和杀伤力，渐渐成为战场上正面突破的主要力量。但是重装甲骑兵比较笨重，机动性差，战马负担很重，容易疲劳，难以发挥骑兵的速度优势，不利于持久作战，而且装备投入极大，因此中原王朝到了唐代就很少使用重装骑兵了。不过在北方的契丹、女真和西北的党项族中，仍然盛行重装骑兵，尤其是女真族，其建立的金朝就有"铁浮屠""拐子马"等著名的重装骑兵。

宋元以后，重装骑兵衰落，很少在战场上应用，但是仍有“铁骑”这样的说法。不过那只是一种骑士装备铁甲，而战马不披甲的骑兵，同先前的重装骑兵不能相提并论。而装备简易盔甲的轻骑兵，由于机动灵活、战场适应能力强等优点，则一直是战场上的重要兵种。

第四章

马政制度与茶马互市

第一节　马政制度

所谓马政，就是和马有关的行政或政治制度。马匹的数量在一定程度上决定着国家的兴衰，所以历代统治者都十分重视马政，几乎每个朝代都设立过和马有关的官职，颁布过牧养、征集马匹的政令，有的还通过购买、搜刮等方式增加马匹。如周代有官马分类和考核制度，秦代有厩苑令，汉代有禁马出关查验制度，唐代有监牧制度，宋代有牲畜注籍制度、“券马”制度，明代有依马制度，清代有牧场考成制度等。

一、官马分类和考核制度

周代时，马政制度已经颇具规模。统治者十分重视畜牧业，对一年中关于马政的事务有着比较系统的安排，《周礼·夏官司马·校人》中说：

“春祭马祖，执驹。夏祭先牧，颁马，攻特。秋祭马社，臧仆。冬祭马步，献马，讲驭夫。”另外，周代设置了相应的职官——校人，专门管理马政，肩负饲养人员的选拔、培训、管理和畜牧考核之责。校人之下设圉师、趣马、驭夫、仆夫等官员，协助处理各种事务。其中圉师的职责是将饲养技术传授给具体负责喂养事务的圉人，趣马掌管天子之马，驭夫和仆夫负责御马。

周代官马是依据优劣分类饲养的，每年校人都要对官马进行四次考核，《周礼·夏官司马·校人》载：“校人掌王马之政。辨六马之属：种马一物，戎马一物，齐马一物，道马一物，田马一物，驽马一物。”将马匹按照优劣分为种马（繁殖用）、戎马（军用）、齐马（仪仗用）、道马（驿用）、田马（狩猎用）、驽马（杂役用）六个等级，其中前五种马总称良马，驽马为劣质等级马匹。“凡颁良马而养乘之：乘马一师，四圉；三乘为皂，皂一趣马；三皂为系，系一驭夫；六系为厩，厩一仆夫；六厩成校，校有左右。驽马三良马之数，丽马一圉，八丽一师，八师一趣马，八趣马一驭夫”。良马根据数量分配负责人员，每乘设圉师一名，圉人四名；三乘为一皂，每皂设趣马一名；三皂为一系，每系设驭夫一名；六系为一厩，每厩设仆夫一名；六厩为一校，设校人一名，天子之马有左右二校，分别设校人。据郑玄注解，从乘到厩，每乘 4 匹马，每厩 54 乘，有马 216 匹，天子之马共有十二厩，一共 2592 匹。按照一良三驽来算，每两匹驽马设圉人一名，12 匹驽马设圉师一名，72 匹驽马设趣马一名，432 匹驽马设驭夫一名。

周代对军事用马也有着严格的训练和考核。由于军马直接关系到国家安全，所以对其的训练和考核由校人、趣马和驭夫等共同负责完成。根据廋人（养马之官）认定的标准，“马八尺以上为龙，七尺以上为騋，六尺以上为马”，只有身高超过 6 尺的良马才有资格成为军马。

除了管理马匹的官员外，为了更好地保障马匹的饲养和牧放，职官系统中还设有兽医，其主要职责是掌疗兽病。“兽医”设有下士 4 名。由于周天子的马匹数量较多，所以在兽医之外另设巫马执掌王马医疗事务。《周礼·夏官司马·巫马》载：“巫马掌养疾马而乘治之，相医而药攻马疾。”巫马是王室马匹管理机构校人的下属，如果需要购买医疗马匹的药物，需要从校人那里领取钱款。巫马设有下士二名、医四名、府一名、史二名、贾二名、徒二十名。兽医和巫马的某些职能是相同的，不过从巫马另设来看，说明了周天子对马政是十分重视的。

二、厩苑令

秦朝统一六国后，为了加强对全国的统治，制定了严酷的秦律，其中就有管理全国畜牧业相关事务的《厩苑律》。这一律法明确规定了中央直接管辖的畜牧机构：“其大厩、中厩、宫厩马牛殹（也），以其筋、革、角及其贾（价）钱效，其人诣其官。”中央管辖机构主要有大厩、中厩和宫厩，大厩主要为皇帝服务，中厩主要为皇后服务，宫厩为皇家服务。根据学者考证，秦中央官厩有大厩、都厩、中厩、小厩、左厩、右厩、官厩、章厩、御厩、家马等 12 厩苑。这些官厩的名称已经在考古过程中得到证实，如在陕西西安相家巷遗址中发现的秦封泥中就有左厩、左厩丞印、右厩、右厩丞印、御厩印等字样。中央各厩均设有厩令和厩丞的职位，厩丞是厩令佐官，协掌厩中马匹饲养。各厩直接负责管理马匹的官员叫作将马。此外，中央专门管理农业生产的大田属下也设有类似的畜牧机构。县级地方政府机构所辖的畜牧养殖苑囿称为县葆禁苑，有专门的“公马牛苑”，设有司马一职，主官为司马令史。在县一级机构中，掌管养马事务的官员称为厩啬夫，也叫作厩苑啬夫；掌管饲养事务的官员称为皂啬夫，是厩啬夫的属官；掌管马厩诸事的官员称为厩司御，职位在厩啬夫之下。此外，还在乡里基层设有相应的畜牧业养殖机构。

为了保障全国畜牧业的发展，朝廷每年都要对县、乡畜牧机构相关人员进行考核，称为苑计。其中县级机构每年进行一次考核，“司马令史掾苑计，计有劾，司马令史坐之，如令史坐官计劾然”。意思是说，司马令史的属官参与编制苑囿的计簿事务，相当于现在的会计财务人员。若是他们存在造假舞弊行为，而被弹劾获罪，他们的主管领导司马令史也要负连带责任。考核对象不仅有主官，还包括厩啬夫、皂啬夫、苑计等职官。《效律》规定，考核人员和牲口的数量时，漏记一人跟漏记一马或一牛的错误相当，都属于大误。乡里基层考核相对来说更加细致，《厩苑律》规定：“以四月、七月、十月、正月肤田牛。卒岁，以正月大课之，最，赐田啬夫壶西（酒）束脯，为旱（皂）者除一更，赐牛长日三旬；殿者，谇田啬夫，罚冗皂者二月。其以牛田，牛减洁，治（笞）主者寸十。有（又）里课之，最者，赐田典日旬，殿，治（笞）卅。”每年四月、七月、十月和正月对乡里畜牧成绩进行考核，其中以正月所进行的考核为年度大考。材料中记载的是耕牛饲养的考核情况，据推测，马匹的饲养考核大致与此类似。考核结果最优者赏赐啬夫酒肉，免去皂员的部分徭役，并赐予牛长资三旬；成绩最差的，斥责啬夫，处罚皂员服两个月徭役，并追究主管长官的责任，给予相应的惩罚。战马的多寡是国家军事力量强弱的主要象征，战马的饲养、选拔、训练和考核等同厩苑官员有着不可分割的联系。军马的训练和考核工作由驭夫、校人和趣马等职官掌管，首先要对马匹进行脚力考核，也就是考察马匹奔行的耐力。《秦律杂抄》载：“蓦马五尺八寸以上，不胜任，奔縶不如令，县司马赀二甲，令、丞各一甲。先赋蓦马，马备，乃粼从军者，到军课之，马殿，令、丞二甲，司马赀二甲，法废。”供乘骑的军马身高要超过五尺八寸，且要听从指令，如果马匹不能根据号令准确地奔驰或停止，就要追究相关人员的责任，对负责管理军马的县司马处以二甲的罚款，对县令和县丞处以一甲的罚款；开展军事行动以前，首先挑选军马，将选中的马匹送到军队里进行考核，成绩末等者，县令和县丞处以二甲惩罚，主官县司马也处以二甲惩罚，同时免除官职。

对于日常用马的考核跟军马的考核一样，《秦律杂抄》载："肤吏乘马笃、胔，及不会肤期，赀各一盾。马劳课殿，赀厩啬夫一甲，令、丞、佐、史各一盾。马劳课殿，赀皂啬夫一盾。"对官吏所用之马考察的内容是"马劳"。马劳，即马匹服役的成绩。考察结束后，成绩殿后者，对负责饲养马匹的厩啬夫处以一甲罚款，同时追究县令、县丞、佐、史的责任，对四者分别罚款一盾。

战国至秦汉时期，官方牧苑基本都设置在山林川泽附近。《周礼·地官司徒·载师》载："以官田、牛田、赏田、牧田任远郊之地。"牧田就是牧养六畜的田地，其实是官方牧场，将牧田设置在山林川泽附近，不仅可以利用自然环境优势，减少饲养成本，而且也不占用农业用地，可谓一举两得。《徭律》载："县葆禁苑，公马牛苑，兴徒以堑垣离散及补缮之，辄以效苑吏，苑吏循之。未卒岁或决，令县复兴徒为之，而勿计为徭。卒岁而或决坏，过三堵以上，县葆者补缮之；三堵以下，及虽未盈卒岁而或盗抉道出入，令苑辄自补缮之。县所葆禁苑之傅山、远山，其土恶不能雨，夏有坏者，勿稍补缮，至秋无雨时而以徭为之。其近田恐兽及马牛出食稼者，县啬夫材兴有田其旁者，无贵贱，以田少多出人，以垣缮之，不得为徭。"

牧苑的围障毁坏了，政府有义务修缮，夏天的时候多降雨，修缮不方便，可以推迟到秋天干旱的时候再用徭役的方式修缮。

在古代，牛、马是主要的畜力，是补充人力不足的重要工具，历朝都严厉禁止私杀牛、马。秦律规定，如果牛、马等牲畜被陷阱或者其他机关伤害，即使没有造成实质性伤害也要处罚二甲，若是伤到了牲畜，则以盗罪论处。如果是客观原因造成官马或者官牛死亡，则视情况进行赔偿。《厩苑律》记载："将牧公马牛，马牛死者，亟谒死所县，县亟诊而入之，其入之其弗亟而令败者，令以其未败值偿之。……其大厩、中厩、宫厩马牛殴也，以其筋、革、角及其价钱效，其人诣其官。其乘服公马牛亡马者而死县，县诊而杂卖其肉，即入其筋、革、角，及索入其价钱。钱少律者，令其人备之而告官，官告马牛县出之。"牧放官马或官牛时，客观原因造成官马或官牛死亡，牧放人要即刻写成公文，将情况报告给官马或官牛死亡时所在县，由所在县官府派专门人员对官马或官牛的尸体进行检验，查验属实后，将其筋、皮、角入库备案，尸体如果没有腐烂，可以将肉出售，剩下的差价由牧放人补齐。倘若牧放人没有及时报告官府，导致其尸体腐烂而不能出售其肉，牧放人就要全额赔付价格。因客观原因造成官马或官牛死亡，牧放人只要及时赔补价钱，就不追究其法律责任。

另外，秦朝的官马和官牛，不管是饲养还是使用，都要登记在册，如价格、毛色、烙印等。《效律》载："马牛误识耳，及物之不能相易者，赀官啬夫一盾。"对牛马加错标识，使用后归还时，官方不能明确核对和辨别标识，就要处罚相关人员，对官啬夫处以一盾的罚款。这说明当时官马牛的饲养和使用具有严格的程序，也反映出官方管理的严谨。

秦朝的立国时间十分短暂，遗留下来的资料并不多，我们仅通过现有的秦简来了解当时厩苑制度的内容是有很大局限性的，无法洞察其全部史实，希望今后可以出土更多的考古资料，来揭示厩苑制度的全貌。

三、禁马出关制度

汉朝初年，统治者对马匹的交易和流动有着严格的限制，严禁马匹出关，这在当时几乎成为一项基本国策。毕竟当时的社会环境复杂，外有匈奴虎视眈眈，内有诸侯威胁中央政府的统治，不得不使统治者时刻保持警惕。

汉政府加强关隘管理，对出入境的检查十分严格，以防国家管控物资的外流。《二年律令·津关令》第十条规定："禁民毋得私买马以出扜关、陨关、函谷关、武关及诸河塞津关。"以国家的统治中心——关中为核心区域，严厉禁止百姓私自买马出关，其实这也是对人口携带物资流动的一种管控措施，避免马匹流出关中，进入关东和南越地区，同时也防止优良马匹落入敌人手里。百姓出入关隘，要持符传等经，过正规程序办理的通关文书，关隘人员审核之后没有问题，才能出入，没有符传或者伪造符传出入者，处以严厉的惩罚。若无符传而越塞，"斩左趾，并黥为城旦"。对私自出入关隘管理如此细致，惩罚如此严厉，那么私自买马出关产生的后果也就可想而知了。

那么当时对于国家机关公务购买马匹的情况，又是如何规定的呢？《二年律令·津关令》记载："其买骑、轻车马、吏乘、置传马者，县各以所买名匹数告买所内史、郡守，内史、郡守各以马所补名为久久马，为致告津关，津关谨以籍、久案阅，出。诸乘私马入而复以出，若出而当复入者，出，它如律令。御史以闻，请许，及诸乘私马出，马当复入而死亡，自言在县官，县官诊及狱讯审死亡，皆津关。制曰：可。"采购马匹的政府机构，要向关隘人员出示"致"，也就是现在的告知书一类的公文。关隘人员根据官马"谨以籍"予以登记，登记完成后才能出入关隘。"籍"是用来登记信息的文书，上面列有通关马匹的数量、马识物、齿、身高等信息，甘肃敦煌出土的汉代简牍中载有一篇完整的《传马名籍》：“私财物马1匹，騩，牡，左剽，齿九岁，白背，高六尺一寸，小鞍。补悬泉置传马缺。”若是关外郡前往关中地区采购马匹，入关者需要由出售马匹的地方内史和郡守向关隘人员出示“致”，作为出售马匹的凭证，关隘人员查验后发现买卖双方出示的“致”完全相同，则予以放行。骑乘私有马匹出关返回者，任其通关；骑乘私有马匹出关当入者，若马匹死亡，需其所在县的官员查明情况，如果属实，则可根据相关条例购买马匹。

《二年律令·津关令》载：“相国议，关外郡买计献马者，守各以匹数告买所内史、郡守，内史、郡守谨籍马识物、齿、高，移其守，及为致告津关，津关案阅，津关谨以传案出入之。诈伪出马，马当复入不复入，皆以马价讹过平令论，及赏捕告者。津关吏卒、吏卒乘塞者知，弗告劾，与同罪；弗知，皆赎耐。御史以闻，制曰：可。”汉代时实行上计制度，每年年末，地方官员都要向中央汇报辖内户口、田地、钱粮、刑狱等地方治理情况。“计献马”应是上计物品中的马匹。当时规定，关外各郡官员要将需购马匹的数量告诉关中的郡守、内史，由郡守、内史在簿籍上登记下所售马匹的标识、齿龄、身高和毛色等信息，然后转给需要购马的郡守、内史，同时发文书告诉津关处，津关处的官员凭借文书查验出入的马匹是否合法，若与文书信息不符，则不准出关。若是信息不符而擅自出关，或者出关后不遵守规定返回，发现之后一律按照“马价讹过平令论”，对检举者和拘捕有功者予以褒奖，津关处官员因失职而没有发现或者发现了却没有检举，则处以“赎耐”惩罚。

对于官员因自身需要而在关中买马，当时的法律也有明文规定。《二年律令·津关令》记载：“相国上中大夫书，请中大夫谒者、郎中、执盾、执戟家在关外者，得私置马关中。有县道官致上大夫、郎中，中大夫、郎中为书告津关，来，复传，津关谨阅出入。马当复入不入，以令论。相国、御史以闻，制曰：可。相国、御史请：郎骑家在关外，骑马即死，得买马关中人1匹以补。郎中为致告买所县道，县道官听，为致告居县，受数而籍书马识物、齿、高，上郎中。即归休、徭使，郎中为传出津关，马死，死所县道官诊上。其诈贸易马及伪诊，皆以诈伪出马令论。其不得口及马老病不可用，自言郎中，郎中案视，为致告关中县道官，卖，更买。制曰：可。”中大夫谒者、郎中、执盾、执戟等官员都是皇帝的近侍，所以他们在买马方面享有一些特权，家在关外者可以在关中购买马匹。不过这也需要一系列的手续。先由马匹所在地的县官向中大夫令、郎中令递交告知文书，然后由中大夫令、郎中令给津关处发文书，津关处官员在中大夫谒者、郎中、执盾、执戟出关时颁发“复传”，即返回时的传书凭证，津关处官员核验符传信息，发现应当再次入关而未入关者，按照诈伪出马令论处。此外，若是家在关外的郎骑乘坐的马匹死亡，允许其在关中再买一匹。先由郎中令向马匹所在地的县道地方官员递送文书，县道官员收到文书后，向郎骑所在的县发文书，告知购买的马匹数量，并登记下马匹的标识、齿龄、身高等信息，上报郎中令。

对于私马的管理，当时基本上只准许特定群体持有合法文书凭证骑乘私马出入关隘，而且关中马出关以后必须再入关，关外马入关以后必须再出关。这是政府重点防范打击诈伪出马以及私贩马匹出关牟取暴利所采取的措施。若是有欺诈贸易马者，按照诈伪出马令论处，“其诈贸易马及伪诊，皆以诈伪出马令论”。而县道官虚假诊断马匹死亡情况也按照诈伪出马令论处。

为防止战马资源流入诸侯国内，中央政府严格限制诸侯王在关中地区购买马匹。“相国上长沙丞相书言，长沙地卑湿，不宜马，置缺不备一驷，未有传马，请得买马十，给置传，以为恒。相国、御史以闻，请许给买马。制曰：可”。此段资料的大意为长沙国的丞相给朝廷上书，说长沙一带湿度大，不易养马，而用于驿车的马匹也很匮乏，不利于地方和中央的信息传递，因此请求购10匹马给驿车使用，得到朝廷的允许。一般来说，西汉政府不允许诸侯国在关中买马，长沙国购马属于特殊情况。诸侯国境内设置的皇家汤沐邑购马情况则不属于诸侯国事务，“丞相上长信詹事书，请汤沐邑在诸侯属长信詹事者，得买骑、轻车、吏乘、置传马关中，比关外县。丞相、御史以闻制”……长信詹事是官职名，掌管皇太后宫内的事务，汤沐邑是皇室成员收取赋税的私邑，其赋税收入跟地方无关，所以其购买马匹参照的是关外县买马关中的相关规定。

西汉初年制定的禁马出关制度有着深刻的历史背景，中央政府严格管控关中马匹资源，尤其限制战马流入诸侯国，反映了西汉王朝强干弱枝的政治方针，确保了中央政府在军事上的优势地位，同时中央政府掌握了丰富的马匹资源，有利于防范和抗击的劲敌。

四、注籍制度

两宋时期，马匹资源显得十分重要，堪称骑兵实力的保障。当时，北部和西北地区的产马区基本都被辽、金、西夏占领，中原王朝战马资源来源有限，因此统治者极其重视马政建设，对马匹资源进行严格管控。

在马匹管控方面，宋朝统治者制定了严格的注籍制度。通过这一制度，统治者可以有效地了解到全国畜牧业的发展情况，为战事需要做准备，同时这一制度的实施也有助于保护牲畜繁育、牧放，推动了畜牧业的发展。大中祥符三年（公元1010年），为了掌握牲畜的繁殖情况，宋真宗赵恒下令：“自今十坊监、车营务、奶酪院、诸园苑、开封县西郭省庄，有孳生纯赤黄色牛犊，别置栏圈喂养，准备拣选供应……逐处有新生犊即申省簿记，关太仆寺逐祭取索供应。”为了便于太仆寺祭祀随时取用，朝廷下令将各地新生牛犊登记在册。这是关于祭祀牺牲——纯赤黄色牛犊的注籍记载，那么祭祀需要用到的马匹自然也不会例外。祭祀马祖的习俗始于周代，文献记载西周每年四次祭祀马祖，以减少马疫，增加马匹数量。《宋会要》记载："诸祠庙献马，限一日申所属州，本州三日内具牡牝、毛色、齿岁、尺寸，差人依程牵赴提举京畿监牧司，纳本司看详。"祭祀献马，由监牧司负责查验。各祠庙需要在一日之内向所在州县申请祭祀用马，所在州县要在三日内详细登记马的性别、毛色、齿岁、尺寸，由专人送往监牧司备查。

官营各监牧所属马匹注籍管理要严格遵守相关规定，《庆元条法事类·官马账状》载："诸官马每季具帐，限次月十五日以前发赴所属，本属类聚，限五日实封申尚书兵部（无所属者，直申）。"各地官马要按照季度申报籍账，并在次月 15 日以前递交到所属各主管部门，由各主管部门把辖区内各地申报的官马籍账进行汇总，在五日内上报给尚书省兵部；没有划分归属的官马，则直接上报给兵部。

《庆元条法事类·官马账状》载："诸军下官马数每岁州具帐，限次年正月十五日以前申总管司。无总管路及厢军马铺，并申转运司，逐司类聚，限三月以前实封申尚书兵部（转运司官出巡，主管文字官申发）。"由诸军使用和管辖的马匹籍账，每年都要向地方州上报，各州将信息汇总好以后，应在次年正月 15 日以前上报给总管司，没有总管司管辖的军马或厢军马铺所用厢马，则将铺马籍账上报到转运司汇总，由各转运司将马匹籍账汇总后，在 3 个月之内上报给尚书省兵部，如果转运司主官因公外出，则由主管文案的官员报送籍账报告。

对于官马不堪使用需要售卖或者马匹死亡的情况，朝廷规定了马钱交纳时限和上报程序。《庆元条法事类·官马账状》载："诸官马不堪应卖者，当职官估价给买，限十日纳钱，死马价钱限三十日，若五日内并死 5 匹以上，限六十日。县具数申州，州具单状申尚书兵部、提举常平司付账。本司类都数，每半年移于近里州，计纲差人管押纳内藏库（脚乘縻费，以本色钱充）。”官马因为年老或生病等原因而无法再使用，由专门官员估算价格予以售卖，要求在10天内交纳马钱；马匹死亡后售卖的钱财，要在30天内交纳；5天内同时死亡5匹以上，要在60天内交纳马钱。首先由所在县将实情申报给州，然后由州专门申报给尚书省兵部、提举常平司，并附上死亡马匹的籍账。所售马匹的价钱每半年交付到临近州府，由各州以纲为单位派专人押付交纳到内藏库，押付人员所消耗的费用直接从马钱中扣除。

除了官马，民间马匹也要进行注籍管理。太平兴国六年（公元981年），朝廷诏令：“蕃部鬻马，官取良而弃驽，又禁其私市，岁入数既不充，而无以怀远之，自今委长吏谨视马之良驽，驽即印识之，许民私市焉。”命长吏仔细分辨马的优劣，如果是劣马，则将其烙印。被烙印的劣马可以进入民间买卖交易，其实这是以烙印代替民马注籍管理。

王安石变法时进一步推行民间养马政策，规定五路义勇、保甲愿养马者，每户养马1匹，家产多的人家可以养马2匹。饲养的马匹有两个来源，或者由牧马监提供，或者由官府给钱自己购买，遵循自愿的原则，禁止强行配给，关于养马的总数，开封府界不得超过3000匹，其他五路不得超过5000匹。义勇、保甲户领养的马匹，不管是官方提供还是官方出资购买，都是暂时寄养在民户，官方要将这些马匹的信息登记造册，内容包括牡牝、齿龄、毛色和身高等，以方便管理或者奖惩。

元丰元年（公元1078年），朝廷又推行户马法，要求民众“自买马牧养。坊郭户家产及三千缗、乡村及五千缗，养1匹；各及一倍，增1匹、3匹。止须四尺三寸以上及八岁以下，令提举司注籍……”根据每户人家家产的多少确定养马数量，规定所养之马四尺三寸以上、八岁以下者必须在提举司注籍管理，这些注籍马匹是战争时期国家在民间的征括对象。到了宋哲宗时，废除户马法，实行给地牧马法，“凡授民牧田一顷，为官牧一马而蠲其租，县籍其高下、老壮、毛色，岁一阅，亡失者责偿，已佃牧田者依上养马”。官府给百姓牧田一顷，受田的百姓要为官府养马，所养之马的信息要由所在县登记造册，内容包括身高、齿龄、膘壮以及毛色等，官府每年要对百姓所养之马予以查验。

马匹籍账具有一定的格式，不能随意书写，其内容齐全，科学合理，主要有记账起始时间、各军旧有、新收、存栏、死亡数额、填写时间等条目。《庆元条法事类·季申官马状》中详细记述了马匹籍账的格式，《岁申军下官马账》载：“某州。今具某年正月一日至年终禁军或厢军马铺旧管、新收、抛死、见在马数如后（内容略）。旧管若干：收若干；死若干；事故转带之类若干（非死而应开落者皆是，无，即称无）。见在若干。右件状如前，谨具申某司。谨状。年月日依常式。”

马匹死亡注籍与其存活时的注籍一致，《庆元条法事类·厩牧令》载：“诸马、牛死，报本厢耆镇，即时验实开剥，限二日申官，当日注籍，限三十日纳筋、皮、鬃、尾、角（皮、角须相连。黑、白马鬃、尾本处用外，余逐旋附纲上京）。遇灾伤，展限十五日。”马匹死亡后，要及时上报，由专人开剥尸体，查验死亡原因，同时要在两天之内申报给官府，死亡当天注籍登记，在规定时限上交登记信息。

北宋名臣文彦博说：“国之大事在祀与戎，戎之事中马政为重。”对宋王朝来说，马匹在边地战事中发挥着重要作用，是国家安全和稳定的保障。统治者通过制定和推行一系列马政律令，有效地推动了畜牧业的发展，而马匹注籍管理作为马政制度的重要组成部分，不仅对当时的马政建设功不可没，也对后世产生了深远影响。

五、券马制度

两宋时期，除了茶马贸易，宋王朝获取边地少数民族优良马匹资源还有一个重要途径，就是所谓的“券马”，这是当时一种独具特色的马匹贸易形式。“券马”起源于宋代初年西北少数民族向中原王朝的贡马。太平兴国六年（公元 981 年），宋政府下诏：“岁于边郡市马，偿以善价。内属戎人驱马诣阙下者，悉令县次续食以优之。”朝廷用优惠的价格和热情的接待招徕内属蕃部在边境规定的区域出售马匹，这条诏令可以视作券马政策的源头。

北宋初年，统治者就非常重视马政建设，“国马之牧，历五代浸废，至宋而规制备具。自建隆而后，其官司之规，厩牧之政，与夫收市之利，牧地之数，支配之等，曰券马，曰省马，曰马社，曰括买，沿革盛衰，皆可得而考焉”。北宋的马匹资源有两个主要来源，一个是官方牧马，另一个是通过贸易的方式买入，即市马。市马的形式有多种，主要有券马、省马、马社和括买。《宋史・兵志》对这四种市马形式做了具体描述：“凡收市马，戎人驱马至边，总数十、百为一券，一马预给钱千，官给刍粟，续食至京师，有司售之，分隶诸监，曰券马。边州置场，市蕃汉马团纲，遣殿侍部送赴阙，或就配诸军，曰省马。陕西广锐、劲勇等军，相与为社，每市马，官给直外，社众复衷金益之，曰马社。军兴，籍民马而市之以给军，曰括买。”朝廷收购马匹，卖马者以 10 匹或 100 匹作为一券，官方提前支付一定数量的马价，然后将马匹赶到京城，沿途由各官府喂养饲料，直到抵达京城售出为止。收购马匹的条件如此优厚，自然会吸引边疆游牧民族前来献马。文献记载，当时吐蕃各部争相献马，如河西军右厢副使归德将军折逋游龙明献马 2000 多匹、六谷部首领潘罗支献马 5000 匹。

咸平元年（公元 998 年），为了确保交易的公平性，宋朝政府下令设置估马司。该官署执掌诸州购买马匹，根据马匹的优劣确定马价，并将所购之马分配到各牧监，马端临《文献通考》载："估马司定其直，自三十五千至八千凡二十三等……其蕃部又有直进者，自七十五千至二十七千凡三等。有献尚乘者，自百一十千至六十千，亦三等。"估马司的设立有着积极的意义，促进了券马制度的规范化。边地蕃人聚集几十匹或者上百匹马以后，将其运送到京城，由礼宾司供给半个月的酒食费用，然后由估马司对献马进行估价，支付马钱。此外，朝廷还对献马者进行赏赐，并给予一种票据凭证，使其沿途购买内地所产的商品不用纳税。

北宋时禁止民间进行马匹交易。马在当时属于稀缺资源，出售马匹利润丰厚，因此走私猖獗，《任伯雨上徽宗论湟鄯》中说："臣闻陕西买马，来年额买 25000 匹，将官使臣私下折博交易，不在其数。"当时对走私马匹贸易严厉打击。原武宁军节度使王德用由于跟商贾私下交易马匹受到降职的处分，渭州通判薛奎因为私自到边疆市马也受到严厉的处罚。朝廷再次诏令："禁缘边臣僚私交易，缺马者官为给之。""审刑院上秦州私贩马匹条例：自今一疋杖一百,十疋徒一年，二十疋加一等，三十疋奏裁，其马纳官，以半价给告事人。"由于政府严禁私自买卖马匹，蕃人驱马来到边地卖马时，只能卖给官方，而官方在收购马匹时常常会择优弃劣，蕃人卖不出去劣马，有时会打击其积极性，进而影响到官方购马的数量。所以，宋太宗时期专门委派官员甄别马匹的优劣，将劣马打上印记标识，允许民间交易。这一措施不仅可以保证官府购马数量，而且可以促进蕃人市马的积极性，但是民间只能购买到官方弃购的劣马。当然，官方对券马交易中马匹的规格有着一定的要求，比如北宋初年收购 3~13 岁的马匹，后来改为收购 4~10 岁、3~12 岁的马匹，收购的标准由官方根据对马匹的需求确定。

那么，为什么要将券马中的马匹运输到京都进行交易呢？对于官方而言，马商将马匹运送到京都后由官方收购，可以避免马匹患病、死亡带来的损失，但是马匹由边疆运送到京都，路途遥远，途中耗费巨大，这对朝廷来说也是一个沉重的负担。群牧使欧阳修曾说："惟估马一司，利害最为易见。若国家广捐金帛，则券马利厚，来者必多；若有司惜费，则蕃部利薄，马来渐少。"据嘉祐年间陕西转运副使薛向估算，"秦州券马至京师，计所直并道路之费，一马当钱数万"。嘉祐六年（公元 1061 年）以前，秦州本地的年均券马量就达 15000 匹，如果按照秦州券马到京都每匹马的耗费值数万钱计算，远远超出 1 匹上等马的费用，若再加上到达京都后的一些额外赏赐，可以想见宋王朝券马耗费何等惊人。朝廷本想通过券马制度得到更多优良战马，但是马商为了获取高额利润，常常以次充好，使马匹的质量参差不齐，官方"所得之马，皆病患之余，形骨低弱，格尺止及四尺二寸以下，谓之杂支，然于上品良马固不可得。"

一般来说，马商都是来自边疆，人员结构复杂，而且从边疆运输马匹前往京都，途中必然经过津关寨堡，若是有敌人奸细混在队伍当中，势必会刺探军事布防等信息，而这对国家安防来说是潜在的威胁。所以薛向向朝廷建议，在原州、渭州、德顺军设置买马场，以减少长途运输马匹的耗费，同时解盐交引作为市马本钱，他指出，若是实行这一办法，每年可获良马 8000 匹，其中 3000 匹分配给边疆军队，剩下的 5000 匹归入群牧司。另外，薛向还建议"原渭州、德顺军水洛城及秦州外寨，系蕃部马所由，必欲询究利害，宜得泾原、秦风两路帅臣同议，庶诸部承禀"。后来，吴奎等又上奏买马之利害，提议在秦州、永宁寨等地设置买马场，"请自京师岁支银四万两、绸绢 75000 匹充马直。银以二万两并绸绢并充边库钱，余阙万缗，以解盐钞并杂支钱给之"。买马场的设置对券马制度造成了巨大冲击，此后券马在马匹交易中的比重渐渐下降，宋政府开始重视边地市马。到了宋神宗熙宁年间，券马法被废除，《宋史·兵志》载："熙宁中，罢券马而专于招市，岁省三司钱二十万缗。自马不下槽出牧，三司复给刍秣之费，更相补除，而三司岁偿群牧者，为缗钱十万，经增市马。"废除券马制度以后，每年为国库省钱 20 万缗，省下的这些钱由三司拨付给群牧司用度，剩余的 10 万缗则被三司用来增加市马的开支。

宋哲宗时期，提举陕西等路买马公事陆师闵建议恢复券马制度，"请自今使蕃汉商人愿以马给券进卖者，于熙河秦凤路买马场验印，从逐场见价给券，送太仆寺畀其直，若券马盛行，则买马场可罢"。这一提议遭到一些大臣的反对，但得到枢密院事曾布的支持，曾布指出，以一年为期，与纲马相比较，就能看出券马法的利弊。朝廷批准了陆师闵的建议。券马法恢复一年后，果然取得了良好效果，纲马损耗率为 20%，券马则只有 1%。为何券马和纲马的损耗率差别这么大呢？这主要是因为：券马由马商运送入京，马商对马的习性比较了解，而且马的生病死亡均由马商负责，只有顺利将马匹运送到京城，马商才能得到更多的马钱，所以马匹死损较少。而纲马是在边地完成交易，由官方负责运送，运送途中常常疏于管理，容易造成马匹死亡，而马匹死损都由政府承担。在马价相同的条件下，自然是券马更有助于节省国家开支。

券马法在绍圣年间（公元 1094—1097 年）一度兴盛，宋政府在吐蕃诸部所居熙河路收购的马匹数量一度增加到 2 万匹。绍圣三年（公元 1096 年），"诏提举陆师闵于岁额外市马三万匹"。当然，券马法的再次兴盛和宋政府、吐蕃之间战事的停息有着密切关系。到了元符年间，北宋与吐蕃战事再起，使马匹贸易受阻，宋朝无法再从吐蕃获取马匹。

至北宋晚期，宋徽宗废除券马制度，从此券马法退出历史舞台。券马法作为宋朝马政的重要组成部分，在某一历史时期是北宋获取优良战马资源的主要来源。

第二节　茶马互市

一、茶马贸易

茶马贸易是我国历史上中原王朝与北部、西部游牧民族之间进行的一种以茶叶和马匹作为贸易物品的贸易形式。茶马贸易是在贸易双方都有需求的情况下产生的。对于中原王朝来说，马匹是非常重要的一种畜力，在军事、交通、生产等领域发挥着重要作用，尤其在军事方面意义重大。《后汉书·马援传》："马者，甲兵之本，国之大用。"马匹是军事的根本，其数量的多寡和质量的好坏关乎军队的强弱和国家的兴衰。而中原地区向来缺少马匹或者没有良马，这直接影响中原王朝的统治地位。因此历代统治者都十分看重马政，想方设法地征马、括马、买马和养马，以壮大自己的实力。而北部和西部的游牧民族地区历来盛产名马，这自然令中原的统治者垂涎，迫切地想要与其互市，以换取良马。

西北的游牧民族主要从事畜牧业，其产品也主要是畜产品，经济形式比较单一，不像中原那么丰富，有茶叶、布帛等各种产品。我国南方地区很早就开始种茶和饮茶了，饮茶习俗后来传到北方少数民族地区，茶叶成为他们生活中的必需品。因为游牧民族平时的饮食都是羊肉或者牛肉等，肉食不易消化，容易使人体患病，而茶叶正好可以解决这一问题，所以深受游牧民族的喜爱和欢迎。据文献记载，游牧民族将茶叶视为命根子。《明史 · 食货志》中说："番人食乳酪，不得茶则困以病"，"番人以茶为命"。这些记载虽然有些夸张，但说明了茶叶对游牧民族的重要性。

早在战国时期，中原的各个诸侯国为了争雄称霸，就积极地从北方少数民族处获取战马。赵武灵王发展骑兵所需的战马，有许多就是来自其周边的东胡、林胡、楼烦等游牧民族。秦朝建立以后，中原地区和北方少数民族的交易一直存在。三国两晋南北朝时期，汉胡之间的贸易并未因战乱而中断。隋朝统一中国后，和西北地区的突厥长期保持贸易关系，中原用粮食、布帛、瓷器等物品换取突厥的马匹等。到了唐代，绢马贸易和茶马贸易兴起，中原地区和北方游牧民族的贸易往来更为密切，并延续到后世，对后世产生了重要影响。

唐代和回纥的绢马贸易在当时中原与北方游牧民族的贸易史上持续的时间最久，进行的规模最大，一共经历了 9 位皇帝，历时 80 多年。唐代与回纥之间的友好关系是双方能够保持长期贸易的重要前提。据史书记载，贞观三年（公元 629 年），回纥开始向唐朝纳贡，双方正式建交，后来回纥诸部归顺唐朝，唐朝和回纥联合攻打突厥，回纥出兵帮助唐朝平定"安史之乱"，种种事件使得唐朝和回纥的关系越来越密切。为了感谢回纥在战争中立下的卓越功勋，唐朝和回纥约定绢马互市，开始大规模地进行绢马贸易，规定每 40 匹绢交换 1 匹马。通过互市，回纥获得了唐朝的大量丝织品，并将丝织品传入中亚和西方。唐朝也从回纥处得到大量马匹，据《新唐书 · 回纥传》记载，回纥每年以数万匹马求售，有时竟每年送马 10 万匹。后来，唐政府又用茶交换回纥的马匹。

唐朝通过与回纥互市，引进了大批"胡马"，不仅有利于马种的改良，而且对外保国防、内伐方镇起到了重要作用。

除了与回纥有贸易往来，唐政府还和突厥、吐蕃进行通商贸易。突厥“每年纳马不过三四千匹”，最高时达14000匹。唐朝与吐蕃的贸易是在文成公主和金城公主入藏和亲后开始的。当时两国在边疆多个地区设市，唐朝主要销售绢帛、茶叶、铁器等物品，吐蕃主要销售马、牛、羊、麝香、药材、玉石等，其中茶、马是双方的主要交易物资。

宋代的茶马贸易始于宋神宗时期。熙宁七年（公元1074年），创置茶场司与买马司，合称提举茶马司，主管茶马贸易。但茶马两司之间充满矛盾，影响了茶马贸易的发展。到了宋哲宗时，将茶马两司合并，情况才有所好转。当时和宋朝实行茶马互市的民族有吐蕃、回纥、羌等，他们用马匹、药材等物品和宋朝进行交易，而宋政府通过茶马贸易得到了大批军事上急需的战马。

宋代时，北方的契丹、党项和女真三个民族相继崛起，分别建立辽、西夏、金政权与宋对峙。宋朝和这几个国家间的贸易主要是通过官市——榷场进行的。因为宋和辽、西夏、金之间时战时和，所以榷场也随之时兴时废。除了官方设置的对外贸易市场，还有民间设置的和市。在相互的贸易往来中，宋朝向辽、西夏、金输出茶叶、布帛、漆器、粟麦等物品，辽、西夏、金则向宋朝输出马、羊、骆驼、柴胡、毡毯等。

元朝疆土辽阔，国家统一，各地区和各民族之间相互交流，互通有无，有着密切的贸易往来。“茶”和“马”不再是不同国家、不同民族间的“对立”和互补之物，所以史料上极少有元代茶马互市的记载。不过到了明代，这种“对立”和互补的态势再度出现，茶马贸易也再次兴盛。

明朝主要和北方与西北地区的少数民族进行茶马互市。明代时，西藏、青海、川西、甘肃和新疆一带盛产良马，明朝通过和这些地区的少数民族进行茶马贸易，获得充足的马源，巩固边防。明朝和北退的蒙古族，也有互市贸易，明朝曾在今内蒙古地区和东北地区开设“马市”“茶市”，用货币和茶叶等与当地的蒙古族、女真族交换马匹。

明代茶马贸易制度相比前代更为严密，是古代茶马贸易的顶峰期。洪武年间至宣德年间，是茶马互市的发展繁荣期，这期间形成了一套完备的茶马制度。正统年间到弘治末，茶马制度进行了多次变革，许多旧制遭到破坏，渐渐生出弊端，影响了茶马贸易。弘治末年到正德初年，名臣杨一清修复茶马旧制，对茶马制度进行改革，使茶马互市得以复兴，但好景不长，随着杨一清去官，茶马互市再度衰废，一直到明朝灭亡。

清朝立国之初沿袭明制，也实行茶马互市。但是后来随着清朝统治地位的巩固、社会经济的发展和民间贸易的繁荣，茶马制度开始发生变化。清朝跟元朝一样，是一个统一的多民族国家，各民族间相互交流，和睦相处，“茶”和“马”的对立不复存在，所以官方的茶马互市也就没有了实际意义。雍正十三年（公元 1735 年），清政府宣布撤销茶马司。从此以后，在中国延续了上千年的茶马互市制度消失在历史的舞台。

二、茶马古道

茶马古道坐落在横断山脉的高山峡谷中，位于滇、川、藏“大三角”地带的丛林草野之中，是绵延盘旋在此的一条神秘的古道。“茶马古道”是世界上地势最高的文明文化传播古道之一，目前，在丽江古城的拉市海附近、大理白族自治州剑川县的沙溪古镇、祥云县的云南驿、普洱市的那柯里还有保存较完好的茶马古道遗址。

唐宋时期的“茶马互市”是茶马古道的最早起源。当时，海拔都在三四千米以上的康藏地区居民主要以糌粑、奶类、酥油、牛羊肉为主食，这些食物可以提供高热量脂肪，但过多的脂肪在人体内不易分解，而茶叶不仅能够分解脂肪，而且能防止糌粑产生的燥热，因此，喝酥油茶就成了高原居民的生活习惯。但藏区不产茶，而产茶的内地却因骡马大多被民间役使或军队征用，因而没有足够的运力投入茶叶运营生意当中，所以，中原地区很难满足高原地区的茶叶供应量。而藏区和川、滇边地则生产良马，可以弥补茶叶产地马匹不足的状况，于是，具有互补性的茶和马的交易即“茶马互市”便应运而生。这样，藏区和川、滇边地出产的骡马、毛皮、药材等和川、滇及内地出产的茶叶、布匹、盐和日用器皿，等等，在横断山区的高山深谷间南来北往、川流不息，就这样，担负着促进社会经济发展重任的“茶马古道”日趋繁荣。

四川雅安茶马古道雕塑

茶马古道分川藏、滇藏两路，连接川滇藏，延伸到不丹、尼泊尔、印度境内（此为滇越茶马古道），直到西亚、西非红海海岸。具体说来，茶马古道主要分南、北两条道，即滇藏道和川藏道。滇藏道起自云南西部洱海一带产茶区，经丽江、中甸（今香格里拉）、德钦、芒康、察雅至昌都，再由昌都通往卫藏地区。川藏道则以今四川雅安一带产茶区作为起点，首先进入康定，自康定起，川藏道又分成南、北两条支线：北线是从康定向北，经道孚、炉霍、甘孜、德格、江达、抵达昌都（今川藏公路的北线），再由昌都通往卫藏地区；南线则是从康定向南，经雅江、理塘、巴塘、芒康、左贡到昌都（今川藏公路的南线），再由昌都通向卫藏地区。茶马古道的主干线就是上面讲述的这两条线路，也是人们俗称的茶马古道。而实际上，除以上主干线外，茶马古道还有若干支线，如由雅安通向松潘以至连通甘南的支线；由川藏道北部支线经原邓柯县（今四川德格县境）通向青海玉树、西宁以至旁通洮州（今临潭）的支线；由昌都向北经类乌齐、丁青通往藏北地区的支线，等等。正因如此，某些学者将历史上认定的“唐蕃古道”（今青藏线）也并入茶马古道的范围内。也有的学者认为，尽管甘、青藏区同样是由茶马古道向藏区输茶的重要目的地，茶马古道与“唐蕃古道”的确有交叉的地方，但“唐蕃古道”毕竟是另一个特定概念，其内涵与“茶马古道”是有所区别的。而且，在中国历史上，甘、青藏地区只是茶叶输藏的终点之一，并没有位于茶马古道的主干线上。“茶马古道”与“唐蕃古道”这两个概念的同时存在，足以表明两者在历史上的功能与作用是不一样的。

另外，据其他史料记载，茶马古道除上述线路外，还有一条称为“陕甘茶马古道”的线路。“陕甘茶马古道”是由明朝的陕西商人和西北边疆的茶马互市逐渐形成的，骆驼是其主要的运输工具。之所以用骆驼，是因为明朝时有数百万斤茶叶要贩运（从四川到西北），到清朝时达到了数千吨，在马无法胜任的前提下，只能使用骆驼。由于明清时政府对贩茶实行政府管制，贩茶分区域，因此陕甘茶马古道成为当时唯一可以在国内跨区贩茶的茶马古道。

在我国，早在南北朝时期就有了茶叶向海外传播的记载。当时中国商人在与蒙古毗邻的边境，通过以茶易物的方式，向土耳其输出茶叶。到了隋唐时期，随着边贸市场的发展壮大，中国茶叶以茶马交易的方式，经回纥及西域等地向西亚、北亚和阿拉伯等国输送，中途辗转西伯利亚，最终抵达俄国以及欧洲各国。随着茶马交易发展到唐代以后，历代统治者为了控制茶马交易而采取了各种各样的手段。唐肃宗时，在蒙古的回纥地区开创了茶马交易的先河。北宋时期，主要在陕甘地区进行茶马交易，易马的茶叶就地取于川蜀，并在成都、秦州（今甘肃天水）各置榷茶和买马司。元代时，官府废止了宋代实行的茶马治边政策。到了明代，又恢复了茶马政策。到了清代，茶马治边政策有所松弛，私茶商人较多，致使在茶马交易中费茶多而获马少。到了雍正十三年（公元1735年），官营茶马交易制度被废止。

在茶马交易的漫长岁月里，中国商人在西北、西南边陲，用自己的双脚，踏出了一条崎岖绵延的茶马古道。古道上，辛勤的马帮、清幽的铃声、奔波的马蹄声打破了日复一日、年复一年的沉寂，岁岁年年的艰难跋涉终于开辟了一条通往域外的经贸之路。而行走在茶马古道上的经商者，在严酷自然环境的磨砺下，铸就了讲信誉、重义气的性格和非凡的勇气以及能力，他们是经商者，也是探险家，他们走出的不仅是一条生存之路，也是一条探险之路、人生之路。他们在与滇西北纳西族、白族、藏族等各兄弟民族进行经济往来的同时，也增进了民族间的团结和友谊，使各族之间文化交流和发展获得进一步推进。总而言之，茶马古道不仅是历史上海拔最高、通行难度最大的高原文明古道，也是青藏高原上一条异常古老的文明孔道，是汉、藏民族关系和民族团结的象征和纽带。正像藏族英雄史诗《格萨尔》中所言："汉地的货物运到博（藏区），是我们这里不产这些东西吗？不是的，不过是要把藏汉两地人民的心连在一起罢了。"这是藏族民众对茶马古道和茶马贸易本质的最透彻、最直白的理解。

从这个意义上说，我们就不难理解，虽然古老的茶马古道早已看不到成群结队的马帮，清脆悠扬的驼铃声也跟着销声匿迹，茶草的香味早已随风飘散，但那拼搏奋斗的精神却如马蹄的印记，深深地烙印在华夏子孙的心田。凭着这股精神，中华儿女开创了一段又一段辉煌的传奇，也将铸就未来的荣耀与辉煌。

知识链接

马　帮

我国西南地区由于地形因素的限制不能使用车辆运输，一般都是利用马匹驮运货物，称为“马驮”。以马驮运货物在旧时云南地区基本没有跑单帮的，大多是以集体的、有组织的方式出现，这就是“马帮”。马帮是茶马古道主要的运载手段。

据说云南马帮在东晋时就已经出现了。清代时，形成了滇南、滇东、滇西三条主要运输干线。马帮的规模有大有小，小的马帮只有十多匹马，大的马帮则有上百匹马。马帮运输的里程也远近不一，近者不到百里，远者可达千里之外。马帮都有自己的领导者，称为“锅头”，主管马帮内外的一切事务。马锅头通常由马老板也就是马帮的所有者担任，有时也由马老板选定的经验充足的赶马人担任。马帮内有自己的行话和规矩，有的还备有武器，防御匪徒袭击。马帮中称休息为“开稍”。通常来说，队伍行进到中午时就要开稍。一般选择水草开阔的地带卸除货物，放马饮水和吃草，赶马人也埋锅做饭，稍加歇息。行进到晚上时，一般都是住在客店。如果是在野外露宿，赶马人则用马驮子围成圆圈，将马围放在圈内，圈外周围燃上篝火，并派专人轮流值夜。

云南马帮对推进边远地区的经济发展起到了积极作用，在 20 世纪 50 年代以前，它都是一种流行的交通运输组织。

第三节　贡　马

马匹在古代还往往被用作贡品。文献记载中时常可以见到“贡马”“献马”等字眼。其中，边疆民族或周边国家向中原王朝贡马，是中原王朝获得“胡马”的一条重要途径，也是双方保持良好关系的外交手段。

一、西戎献马周孝王

马在西周时期就已经显示出重要的政治和军事意义。西周边疆民族，尤其是西部和北部的边疆民族，通过献马达到与中原王朝友好往来的目的。3000多年前，西戎就曾向周王进献良马。这个故事反映了西周和边疆部族的关系，也折射出西戎统治阶级内部的角逐。它所引发的连锁反应，甚至影响到西周以后中国古代的历史进程。

这个事件记载于《竹书纪年》中，关于它的描述仅仅有23个字：“元年辛卯春正月，王即位，命申侯伐西戎。五年，西戎来献马。”这里所说的王指的是周孝王。这则史料的大意是：周孝王即位不久，西戎派遣使者入朝，进献良马百匹。

《竹书纪年》是一部编年体史书，成书于春秋战国时期，记载了夏、商、西周和春秋战国的历史，对研究先秦史具有很高的史料价值。《竹书纪年》的许多记载和《史记》差别很大，尤其是价值取向截然不同，因此历来备受争议。不过争议的焦点是王位承袭是否正统，其关于中原王朝和周边部族的关系记载还是相当珍贵和可信的。那么,《竹书纪年》里提到的这位周孝王是何来历呢?

西周初年，为了确保统治的稳定，避免王室内部争斗，制定了嫡长子继承制。周王朝统治者基本上都是严格遵循这一制度确立继承人的。可是就是在宗法制度森严的西周，偏偏出现了一位不循定制登上王位的君主——周孝王。因为周孝王是违背祖制而继位，所以司马迁在《史记》中并未详细记述，只是简短地记载说:“懿王崩，共王弟辟方立，是为孝王。孝王崩，诸侯复立懿王太子燮，是为夷王。”今人所掌握的周孝王继位的详细信息主要源于《竹书纪年》。

《竹书纪年》记载:“(懿王)七年西戎侵镐，十三年翟人侵岐，十五年王自宗周迁于槐里。”周懿王在位时，西周国力开始衰落，边疆的戎狄趁机入侵，一度攻打到西周都城镐京，周懿王被迫迁都。西周统治集团内部对周懿王软弱无能的行为十分不满，而周懿王的太子姬燮也生性懦弱，不能于危难之中振兴周朝，最终周懿王的弟弟姬辟方凭借自身能力，夺取王位，即周孝王。

周孝王即位之初，为了洗除周朝被犬戎入侵的耻辱，同时也为了在国人面前树立自己的威信，便命令申侯率领大军分六路讨伐西戎。申侯是申国(今河南南阳)国君，他虽然受命进攻西戎，但他内心并不愿出战：一来他认为攻打西戎是不义之战，只会给无辜的百姓带来灾难，使士兵伤亡惨重；二来他的女婿就是西戎统治者大骆。因此，申侯向周孝王提议，让他的外孙嬴成继承大骆的国君之位，将大骆的庶长子非子留在西周，这样就可以使西戎顺服，确保西周西部边境的稳定。周孝王答应了申侯的要求。于是申侯出面同西戎讲和。西戎接受了申侯的调解，愿意息兵言和，并表示以后都不侵犯西周边境。随后，西戎派遣使者携良马百匹献给西周。周孝王大喜，重重赏赐了西戎使者，并回赠许多粮食和布匹等礼物。据史料记述，这次西戎进献的100匹良马，大部分都是强健的母马，周孝王为了发展周王朝的马匹，将这些母马交给了非子，让他前往汧水和渭水之间（即甘肃汧河和陕西渭河之间），为王室养马。非子养马技术高超，用了3年时间，使得马匹数量大增。周孝王十分高兴，就将非子封于秦地（今甘肃天水张家川回族自治县），号称嬴秦。非子就是秦国的始封君。秦人凭借关西地区优越的地理条件，经过多年的不懈努力，从经营畜牧业逐渐转向农业，同时又有充裕的马匹资源，所以在军事上不断发展壮大，进而入主关中平原，最终一举成为中国历史上第一个强大的封建王朝——秦。

整个西周时期，西周与西戎之间一直以贡纳、战争和民间贸易等形式进行着马匹的交流，这次西戎献马只是其中的一个案例。不过这次事件却在历史上影响深远，可以说600多年以后的秦朝的崛起，跟这次西戎献马有着不可分割的联系。

二、汉代贡马

汉代时，贡马的现象十分常见。汉武帝在位年间国力强盛，周边的民族和国家广为进贡。《汉书·西域传》记载："遭值文景玄默，养民五世，天下殷富，财力有余，士马强盛。故能睹犀布、玳瑁则建珠崖七郡，感枸酱、竹杖则开牂柯、越嶲，闻天马、蒲萄，则通大宛、安息。自是之后，明珠文甲、通犀、翠羽之珍盈于后宫，蒲梢、龙文、鱼目、汗血之马充于黄门，钜象、狮子、猛犬、大雀之群，食于外囿。殊方异物，四面而至。"张骞出使西域，开辟了中原王朝和西域之间的交流通道，大量的西域物产如葡萄、苜蓿、胡麻、良马、橐驼等动植物和名贵毛织品等，源源不断地传入中原地区。而这些物品的传入，也常常以贡品的形式出现。

汉代贡马主要来自匈奴、乌孙和大宛。匈奴和汉朝之间虽然战争不断，但却长期保持着贡使关系。汉文帝前元二年（公元前 178 年），匈奴单于献马。《史记·匈奴列传》记载："使郎中系雩浅奉书请，献橐驼一匹，骑马二匹，驾二驷。"汉文帝后元二年（公元前 162 年），匈奴"使当户且居雕渠难、郎中韩辽"献马 2 匹。到了东汉时期，史料中仍有匈奴献马的记载。

乌孙盛产良马，多次将马匹作为贡品献给汉朝。汉武帝建元元年（公元前 140 年），乌孙贡马。《汉书·西域传》载："（乌孙王）昆莫年老国分，不能专制，乃发使送骞，因献马数 10 匹报谢。匈奴闻其与汉通，怒欲击之。又汉使乌孙，乃出其南，抵大宛、月氏，相属不绝。乌孙于是恐，使使献马，愿得尚汉公主，为昆帝。"汉武帝元狩四年（公元前 119 年），"乌孙发导译送骞还，骞与乌孙遣使数十人，马数 10 匹报谢，因令窥汉，知其广大"。汉武帝元鼎三年（公元前 114 年），乌孙献西极马。

大宛作为良马的主产地，也多次向汉武帝献马。汉武帝元朔五年（公元前 124 年），大宛献天马 2 匹。汉武帝元鼎三年（公元前 114 年），大宛又贡天马。汉武帝太初元年（公元前 104 年），大宛贡善马。《史记·大宛列传》载："宛乃出其善马，令汉自择之，而多出食食给汉军。汉军取其善马数 10 匹，中马以下牡牝 3000 余匹。"

除了匈奴、乌孙和大宛外，乐浪、乌桓、羌、土爕、臼南等政权也向汉朝贡马。

这些往来赠答的马匹，是各民族（国家、地区）与中原王朝友好往来的象征，起到了促进经济贸易和文化交流的作用。

三、唐代贡马

唐朝是我国历史上十分繁荣的一个朝代，这时的贡马非常兴盛。唐政府通过其他国家和民族的贡马，引进了大批“胡马”。

唐代贡马有三个显著特点：一是马匹品种多，据史料记载，通过进贡引进的马匹种类有42种之多。二是马的质量更为优良。这些以贡品形式敬奉给唐政府的“胡马”，绝大部分都是高大强健的品种，史书称为“良马”“好马”，比如吐火罗的汗血马，大食国的千里马，康居国的大宛马，南诏的越赕骏，等等。贞观二十一年（公元前647年），骨利干派使者入朝进贡，献良马百匹，其中10匹尤骏，唐太宗十分喜爱，亲自为其命名。天宝年间，东曹国进贡6匹汗血马，唐玄宗也专门为其取名。三是来源广泛，次数空前。前面提到史料记载通过进贡引进的“胡马”达42种，但实际上贡马者要超过此数。当时不少国家远道而来向唐朝进贡，《新唐书》提到“驳马”“大汉”等国“皆古所未宾者”，但在唐高宗时期都“奉貂、马入朝，或一再至”。史书记载，不少国家和民族多次向唐政府献马，如大食国献马六次，坚昆献马六次，康居国献马五次，吐火罗国献马四次，石国、骨咄国仅在玄宗一朝就分别献马四次，拔汗那国则献马六次之多。

唐代管理“胡马”进贡的机构是鸿胪寺。根据制度规定，少数民族首领和域外各国进贡的物品，要“完上其数于鸿胪”，其中贡奉的马匹择优良者陈列于朝堂，差一些的或有病的牵入太仆寺的马厩进行驯养。当然这条规定有时候也是可以变通的，比如贡马不入京师而在边州接受。天宝六载（公元前747年），坚昆和室韦献马60匹，唐政府便是命令在西受降城接收马匹的。此外，当时少数民族和外国进贡马匹的官员称为进马使。

事实上，贡马是唐政府和少数民族、域外国家进行贸易的一种特殊形式。大量的“胡马”被供奉给唐朝，唐政府则以恩赐的形式赏给大批绢帛、茶叶，如唐代宗年间回纥献马，唐代宗下令设宴款待，随后赏赐彩色缯帛 10 万匹。“无数铃声遥过碛，应驮白练到安西”。在“参天可汗道”上，在“丝绸之路”上，中原地区出产的绢、茶等物品大量传入漠北、西方，而贡马是不容忽视的贸易手段。

第五章

马与传统文化

第一节　饮食习俗与服饰文化

在古代，马与人类的衣食有着千丝万缕的联系。就饮食而言，马肉和马乳曾是人们的重要食物来源。在采集狩猎时代，人们大量地猎取野马来获取食物。畜牧业发展以后，马作为食物的作用渐渐衰退，开始广泛应用于交通、农业等领域，但依然存在食马的习俗。尤其是马乳，对于游牧民族而言是不可缺少的饮品，有些民族甚至形成了诸多关于马乳的习俗惯制。

服饰文化与马的关系主要体现在骑乘生活对服饰的影响上。胡服、马褂、马甲、马靴等都是与骑乘生活相适应的服饰。

一、马　肉

远古时代，马尚未被驯服之前，是人类主要的食物来源。我国旧石器时代早期的一些文化遗址中，常常可以看到马骨的存在。如北京元谋人遗址、山西西侯度文化遗址和陕西蓝田人遗址，曾出土不少动物化石，包括野马、羚羊、牛、鹿等各种动物，可见先民已经跟马打交道，并开始猎取马匹，将马作为食物。

从北京人开始直到旧石器时代晚期，马都是人类主要的捕食对象。在距今 10 万年左右的山西阳高许家窑人遗址中，出土了数以吨计的动物骨骼，根据考古学家测定，这些骨骼属于 20 多种动物，其中以野马和羚羊数目最多，仅马的牙齿就有 360 个。这里发现的动物骨骼都已经破碎，很难找到完整的骨块，说明这些动物被人们吃得十分干净。类似的情况也见于山西丁村人、北京新洞人和山顶洞人等旧石器时代中晚期遗址。

到了新石器时代，随着生产力的发展，出现了原始农业和畜牧业，但野生动物依然是人们的主要食物。新石器时代早期和中期的文化遗址中，发掘出不少马骨，它们也是原始人类食用后遗留下来的。

在我国边疆地区发现的一些原始岩画上，常常可以看到猎马图。这也反映出人们曾以野马为重要的捕食对象。后世的一些游牧民族，也将野马作为食物的来源之一。《黑鞑事略笺证》记载：“（蒙古人）食肉而不粒。猎而得者，曰兔、曰鹿、曰野彘、曰黄鼠、曰顽羊、曰黄羊、曰野马、曰河源之鱼。牧而庖者以羊为常，牛次之，非大宴会，不刑马。火燎者十九，鼎烹者十二三。”从这则材料可以获知，蒙古等游牧民族以猎取野马等动物为生，杀牛羊而食是最常见的，如果不是遇到重要盛大的宴会，通常不会食马。

马被人类驯化以后，就主要用作交通工具了，很少再被拿来食用，不过依然可以在一些文献中看到食用马肉的记载。《礼记·内则》:“牛夜鸣则庮，羊泠毛而毳，膻……马黑脊而般臂，漏。雏尾不盈握，弗食。”大意是说：晚上叫唤的牛，肉臭；毛稀少而打结的羊，肉膻；背脊发黑、前小腿有杂斑的马，肉像蝼蛄一样发臭；尾巴用一只手还抓不满的鸡，不能食用。这是当时人们食用动物的一些要求，从中可以看出周代依然存在食马肉的习俗。

秦汉时期，人们也还以马肉为食。根据学者们研究，这一时期长安城及其周边的重要城市街市十分兴盛，闹市上摆满了各种食品，其中就包括马肉。东汉桓宽《盐铁论》中记述了很多著名菜肴，如马朘、羊腌鸡寒、枸豚韭卵等，马朘就是用马鞭肉制成的特殊菜肴。长沙马王堆汉墓发掘出许多食品，其中肉类就有 20 多种，肉类又包括禽类、鱼类和兽类，兽类中有牛、羊、马等，可见马在当时依然是人们的肉食来源之一。

现在的汉族地区通常不食用马肉。马主要用于役使，驾车出行或者供人们骑乘，有时也用来耕地。只有在生活十分困苦或者马匹衰老、伤亡等特殊条件下，人们才会食用马。因此食用马肉的习俗在汉族地区并不常见。

食马肉的风俗在今天的哈萨克族依然存在。哈萨克族民间有一种传统的肉食，叫作马腊肠。这种食物的做法是：将晚秋时节宰杀的马肉切碎，然后拌入五种作料，灌入大约一米长的马肠内，熏制后即可煮食。马腊肠的味道香美，是哈萨克族招待宾客的上品美食。

二、马　乳

马乳也称为马奶，是北方游牧民族的主要饮品之一。据《史记·匈奴列传》记载，匈奴人喜欢饮用马乳。马乳很早就传入汉族地区。虽然现在汉族人极少饮用马乳，但在古代马乳却是汉族重要的饮料之一。秦汉时期，长安及其周边城市就有销售马乳的。《汉书·礼乐志》记载：“其七十二人给大官桐马酒。”“桐马”是当时的官职名，“主乳马，取其汁挏治之，味酢可饮，因以名官也”。后来也称马奶酒为“桐马酒”。食用马乳的习俗在唐宋时依然存在。杜甫《谢严中丞送青城山道士乳酒一瓶》：“山瓶乳酒下青云，气味浓香幸见分。”宋虞俦《有怀广文俞同年》：“客来愧乏牛心炙，茶罢空堆马乳盘。”牛心炙是用牛心做成的一种菜肴，在古代社会属于上等食品。马乳盘和牛心炙相对，可见马乳也是一种重要饮品。

我国境内的蒙古族、哈萨克族等游牧民族，也盛行饮用马乳，与马乳相关的民俗事象也十分丰富。

蒙古族以畜牧业为生，蒙古族以畜牧业为主，这种生产方式直接决定了蒙古人的饮食习惯。蒙古族平时的饮食离不开肉类和奶类，肉类以牛、羊为主，奶类则有马乳、牛奶、羊奶等，其中马乳是最常见的饮品。文献资料中有不少关于蒙古人饮用马乳的记录。《柏朗嘉宾蒙古行纪》中写道：“如果他们有的话，就大量饮用马奶……在夏天，他们拥有足够多的马奶，很少吃肉。”《马可·波罗游记》记载：“马乳是他们的饮品，味道犹如酒一般美好。”《黑鞑事略》中说：“初到金帐，鞑主饮以马奶，色清而味甜，与寻常色白而浊、味酸而膻者大不同，名曰黑马奶。……只此一次得饮，他处更不曾见，玉食之奉如此。”可见，不管是一般牧民，还是贵族首领，都将马乳作为主要饮料。

关于蒙古人取马奶的过程，在《鲁布鲁克东行纪》中有着详细描述：“他们在地上拉一条绳子，拴在两根插入土里的木桩上，然后把要挤奶的母马的小马用绳子系三个小时。这时母马站在小马不远处，安静地让人挤奶。若是有 1 匹母马表现出暴躁，就让一个人将小马牵到它跟前，让小马吸点奶，然后再将小马牵走，让挤奶人取代小马的位置。当他们得到大量的奶时，只要奶足够鲜，像牛奶那样甜，他们就将奶倒入大皮囊或袋子中。”《黑鞑事略》及其补注中亦有取马奶的记述。

马奶有生、熟之别。生马奶在蒙古语中叫作“循”，熟马奶在蒙古语中叫作“额速克”。这在《元朝秘史》等史料中可以找到记载。

《鲁布鲁克东行纪》还收录了蒙古人酿造马奶酒的方法以及马奶酒的性味：“他们将奶倒入大皮囊或袋子中，开始用一根特制的棍子进行搅拌，棍子的下端有人头那么粗，而且是空心。他们用力拍打马奶，奶开始像新酿的酒一样起泡，并且变酸发酵，然后他们接着搅拌，直到得到奶油。这时候他们会尝一下酒，如果略微有辣味，他们就喝它。喝的时候，它如葡萄酒一样有辣味，喝完之后舌头上留有杏乳的味道，不仅腹腔舒畅，而且人也有些醉，很利尿。”书中也讲述了黑马奶的制作方法，过程与上面马奶酒的酿造过程大体相同，只是后期工序有所区别。黑马奶大概是一种比较高级的马乳饮料，色清而味美，《黑鞑事略》称其为“玉食之奉”，《鲁布鲁克东行纪》中也说它是“供大贵人使用”的。

马奶酒是蒙古人宴饮时的必备品，不论是在皇宫还是在民间都是如此。蒙古宫廷宴饮活动设有“马奶子宴”。每年夏历八月，皇帝离开上都前都要举行大型的宴会，与群臣饮马奶酒。宴会的规模宏大，就像杨允孚《滦京杂咏》诗中所说：“内宴重开马湩浇，严程有旨出丹霄。羽林卫士桓桓集，太仆龙车款款调。”在民间则形成了传统节日——马奶节。

马乳是“蒙古八珍”之一。所谓八珍，是用于高级宴席的八种佳肴。陶宗仪《南村辍耕录》：“迤北八珍……谓八珍则醍醐、麆沆、野驼蹄、鹿唇、驼乳麋、天鹅炙、紫玉浆、玄玉浆也。”玄玉浆就是马乳。直到今天，马乳、马奶酒依然是蒙古人的主要饮料，同时也是他们招待客人的佳品。

三、马褂和马甲

马褂

马褂和马甲都是骑乘生活的产物。

马褂也称短褂，是一种套在长衫外面的短衣。它原是满族男子骑马时所穿的服装，后来演变为常服，且流传到其他民族中。马褂的袖子有长袖、短袖、宽袖等，襟有对襟、大襟、琵琶襟等。马褂具体可以分为很多种类，如得胜褂、黄马褂等。得胜褂是一种对襟方袖马褂，本是骑马作战时所穿，所以得名得胜褂，后来成为清代上层人士的常服。黄马褂属于官服，清代制度规定，侍卫内大臣、侍卫班领等都要穿黄马褂，在皇帝巡幸之时，扈从乘舆，以壮威仪。《清会典事例》载："后扈前引大臣、一二等侍卫升级新补者，岁于十二月行文内务府……支领黄马褂。"对于有功的大臣，也特赐穿黄马褂。

马甲本是马穿的护身甲。古代战马一般都身穿甲衣，防止在战场受伤。人穿的背心、坎肩等服饰同马甲相似，所以称为"马甲"。马甲在清代十分常见，样式多种多样，有大襟、对襟、一字襟、琵琶襟等款式，衣襟领缘有纹饰。《清稗类钞·服饰》："京师盛行巴图鲁坎肩儿，各部司员见堂官往往服之，上加缨帽。南方呼为一字襟马甲。例须用皮者，衬于袍套之中，觉暖，即自探手，解上排纽扣，而令仆代解两旁纽扣，曳之而出，借免更换之劳。后且单夹棉纱一律风行矣。"

除了马褂、马甲，因骑乘生活而产生的服饰还有坐马衣、马蹄袖、马靴等。坐马衣是一种无袖长衣，因便于骑射而得名。马蹄袖又称"箭袖"，袖端上长下短仅覆手，形似马蹄，方便射箭。马靴本是骑马时的重要装备，后来演变为朝服。至今，在北方一些民族中还流行冬季穿马靴的习俗。

第二节　婚丧习俗

在古代的婚姻习俗和丧葬习俗中，有许多与马有关的惯制，诸如以马为聘、车马迎亲、用马陪葬等，可见古人对马的重视。

一、马为聘礼

旧时婚俗中，聘礼是一个非常重要的组成部分，是男女双方缔结婚姻关系前男方赠予女方的财物。下聘礼的习俗不仅在汉族地区流行，也在其他民族中存在。用作聘礼的物件，常常少不了马。

以马纳征在古代社会颇为常见。古人从议婚到完婚，整个过程涉及六种礼节，即纳采、问名、纳吉、纳征、请期、亲迎，纳征之后才能婚成。东晋时，皇帝纳后，即照六礼行事。穆帝在位期间，太常王彪写成六礼版文，其中纳征版文规定，纳征之物包括玄纁皮帛、马羊钱璧。《太平广记》中记载了唐代流行的一个故事：游侠淳于棼做梦来到大槐安国，国王将公主许配给他，婚礼前夕，“车骑礼物之用，无不咸备”。这虽然只是一场虚幻的美梦，但梦里的“车骑礼物”却是现实婚礼中确确实实存在着的。唐元稹《代九九》诗：“阿母怜金重，亲兄要马骑。把将娇小女，嫁与冶游儿。”诗中讲了为了获得金钱和马匹，女孩的母亲和哥哥竟将她视为摇钱树嫁给“冶游儿”，反映出古代女子社会地位的低下，同时可以看出古代以马为聘礼的习俗。

除了汉族，在蒙古、哈萨克、鄂温克等少数民族中也曾流行过以马为聘礼的婚俗。元代时蒙古人结婚，男方要向女方求婚，征得女方同意后，双方一起吃“许婚筵席”。商谈婚事的时候要讲聘礼，一般以马示聘。哈萨克族旧时婚俗也以马为聘礼。男方要向女方家缴纳一定数量的马匹，一般来说，富户缴纳 77 匹，中等人家缴纳 47 匹，经济条件较差的家庭缴纳 17 匹，然后才可以商定婚期，正式结亲。古时鄂温克族也将骏马作为必备的聘礼。男女七八岁的时候定下婚约，到了十七八岁时，男方要向女方的父亲赠送 1 匹骏马。

定亲和结婚仪式中的马聘礼，也叫作“奶马钱”。用马充任聘礼，表现出马匹在人们心目中是一种珍贵的礼物。

二、车马迎亲

迎亲当然也少不了马匹。《诗经》中常将婚嫁和车马并提，多描写以车马迎亲送亲或用车马运送嫁妆的喜庆场面，如《周南 · 汉广》:“之子于归，言秣其马。”《国风 · 郑风 · 丰》:“叔兮伯兮，驾予与行！”《国风 · 卫风 · 氓》:“以尔车来，以我贿迁。”后世婚俗中也常将马作为骑乘或驾车的工具迎接新妇，如元代文献《元婚礼贡举考》中记载了当时婚姻中骑马乘车迎亲的习俗:“婿出，乘马至女家。俟于次，女氏主人告于祠堂，遂醮其女而命之。主人出迎，婿入奠雁，姆奉女出登车，婿乘马先。妇车至其家，导妇以入，就坐饮宴。毕，婿出，后入，脱服，烛出，主人礼宾。”

有些地区或民族在骑马乘车迎接新娘的时候还会举行一些仪式。比如土家族，在新娘出嫁前，送亲或迎亲的人要喝“上马酒”；在青海汉族地区，要送给新娘“上马三件衣”；在四川汉族地区，新娘出嫁前要做“上马梳”，来到婆家后要做“下马梳”。陕西临潼等地流行“下马受红”的仪式：新娘即将到达新郎家门口的时候，傧相和新郎要骑马奔到花轿前面，傧相问新娘有没有红，新娘回答“有红”，这时新郎便要下马受红。人们拿出八尺长的红绸，系披在新郎身上，新郎对新娘和众人道谢。生活在青海循化一带的回族，送亲的时候，新娘出门之前，人们常常在新娘骑坐的马蹄周围泼洒一碗牛奶，称为“白奶送”。新娘来到新郎家以后，新郎家里的人也要在新娘的马前泼洒一碗牛奶，称为“白奶接”。白色的牛奶寓意着吉祥。青海乐都、平安等地还有喝“回马酒”的习俗。送亲的宾客离开新郎家行走了一段路程之后，一些青壮年再骑马折回，飞奔到新郎家，新郎家递上酒壶，来宾在马背上举壶痛饮一番，然后策马而去，这样反复三四次，送亲的宾客才真正离去。整个娶亲过程愉悦热闹，笑声连连。

直到现代，在我国北方的许多农牧区还保留着车马迎亲的习俗。

知识链接

反　马

古代男女结婚后，要回门拜访女方家的父母，民间称为回门或反马。反马的礼仪起源于西周。当时士大夫以上人家嫁女，女家驾车将女子送至男家，驾车之马也留在男家马厩。婚后三个月，如果男方不喜欢女方，则将其遗弃，令其乘马返回娘家。如果男方认可了女方，则带女方到宗庙祭告祖先，并将车子留下，将马送还女家，表示女方正式成为夫家的成员。这种退还马的礼节，称为反马。后来反马演化为男女双方婚后一起回访女方父母的礼节，即回门之礼。

三、马葬与车马葬

以马随葬在先秦以前相当长的一段历史时期内是十分常见的习俗。早

古代车马坑

在石器时代，我国的原始先民就已经和马有交集了。考古学家在许多发掘出土的原始人类文化遗址中，都发现了同一时期的马骨或马骨化石。这些马骨的来源不尽相同，有的是马匹自然死亡后遗留下来的，有的则是人类食用后剩余下来的，不过也不排除马匹作为随葬品的可能性。当然，这仅仅是一种猜测。真正将马用于随葬品，应当发生在马被驯服之后，尤其是马的重要价值被人们认识之后。

夏代时有没有马葬，目前无法考证。但是就现在掌握的材料来看，至少在商代时就已经有了马葬和车马葬。而且这种以马随葬的风气在秦始皇时期还比较流行，举世闻名的兵马俑就是一个明证。汉代以后，马葬和车马葬渐渐走向衰落。

马葬和车马葬的高峰期是在商周时期，这种丧葬习俗常常见于帝王和贵族的丧制。

商代马葬和车马葬的情况，可以从殷墟出土的马坑和车马坑中一探究竟。马坑是用来掩埋陪葬或祭祀马匹的坑，车马坑是用来埋葬陪葬或祭祀用马和用车的坑。马坑集中分布在殷墟王陵遗址。在侯家庄西北冈 M1001 号大墓墓室东侧，有 37 个殉葬坑，其中 22 个用来埋人，7 个用来埋马。马坑中的马骨上带有华丽的辔头、铜泡和绿松石等。这些殉葬的马匹都是田猎用的，殉葬者是田猎燕乐的侍从。武官村大墓的南、北墓道中都排列有马坑。其中南墓道内有三个长方形马坑，呈“品”字形排列，每个马坑内埋马四匹。北墓道内有三个长方形马坑，呈“十”字形排列，共埋马 16 匹。靠近墓室的位置有三人一狗，两人面对面做蹲状，一人跪在地上，可能是马队的管理者或看门人。相比于殉葬马坑，用于祭祀的马坑有着更多的发现。殷墟王陵东区大墓 M1400 东南方向就是大面积的祭祀场所，经查明这里共有 250 个祭祀坑，发掘出土的达 191 个，这些坑排列整齐，里面掩埋着人、马、猪等。车马葬在殷墟遗址中发现最多。自 1928 年殷墟发掘以来，截至目前，已发掘的车马坑有七八十个，其发现地点包括小屯宫殿区、西北冈王陵区、孝民屯东南地、大司空村、白家坟西北地等。殷墟车马坑基本上都是埋葬一车两马，但也有埋葬一车四马的，如小屯宫殿区的 M20 车马坑中埋一车四马。

西周承袭了商代的丧葬习俗，也将马匹和车马作为主要的随葬品。西周时期的车马随葬更为常见，规模也更大。河南浚县辛村曾出土 14 个西周时期卫国的车马坑，其中 3 号车马坑放置 12 辆车、72 具马骨架。陕西西安张家坡墓地发掘出十几个马坑，坑内掩埋的马匹数量少者 2~6 匹，多者 20~70 匹。此外，陕西丰镐遗址的普渡村、陕西武功黄家河遗址、山西曲沃羊舌晋侯墓地、甘肃灵台白草坡、北京房山琉璃河等地，都发现有西周时期的车马坑，并出土了相关实物。

春秋时期，车马随葬发展到一个高峰期。目前出土的各诸侯国墓葬中，发现有大量车马随葬品。具有代表性的有洛阳东周墓、三门峡虢国墓、临淄东周墓殉马坑等。其中虢国墓发掘出几十个车马坑，一等墓车马坑有车 10 辆，马 20 匹，二等的也有车 5 辆，马 10 匹。而临淄东周墓殉马坑，据估算殉马数量达 600 匹以上。

直到秦始皇时期，马葬和车马葬依然存在。秦始皇陵发现的车马随葬品，相对前代有过之而无不及。除了众所周知的兵马俑外，也用真车真马随葬。

秦始皇陵中以真马随葬的马厩坑目前共发现两处。一处在陵墓东侧的上焦村一带，这里发现的马厩坑达 98 个，呈三行排列，坑内有的埋有一马，有的伴有陶俑。这些马厩坑均为东西向，马头朝向西面，陶俑大多朝向东面。马的骨骼大多完好，有的是活埋的，有的是被杀死后埋进坑内的。马头前放有陶盆和陶罐，有的陶盆中还可以看到稻谷的遗迹，说明陶盆和陶罐是放置饲料和盛水用的。陶俑位于马头前侧或左右的壁龛中，俑前放有陶灯、铁镰、铁斧等物品。坑内出土的器物上雕刻着“中厩”“宫厩”“三厩”“左厩”等文字，结合《厩苑律》等文献，可知这些马厩坑是当时“厩苑”的象征，马是宫廷的苑马，陶俑就是厩苑内负责养马的仆役。另一处马厩坑坐落在秦始皇陵西侧内外城垣之间，整个平面呈曲尺形。坑内的马骨保存完好。每 3 匹马成一组放置在方盒状的木椁中。马的四肢呈现出跪卧状，在 1 匹马的嘴里还发现了一把铜刀，说明马是被杀死后埋进坑里的。这一处马厩坑还没有完全发掘，据推测坑内埋有数百匹马。在已经发掘的部分出土了若干个大陶俑，应该也是养马的仆役。

秦始皇陵用于掩埋随葬真马的这两处马厩坑，一处位于始皇陵的外城，另一处位于始皇陵内外城之间。这种布局形式寓意着都城的厩苑一在城内，一在城外。古时帝王所居的都城内均建有厩苑，秦朝极有可能继承了西周的“天子十有二闲（即厩）”制度。此外，秦始皇陵马厩坑的布局，也充分体现了封建帝王“事死如事生”的丧葬观念。

用车马随葬在古代的少数民族中也比较常见。考古学家在匈奴活动过的地区发现了不少匈奴墓葬，其中就有以马殉葬的遗迹，包括真马随葬和马具殉葬。古代吐蕃人也有以马随葬的风俗。《旧唐书·列传第一百四十六上·吐蕃上》记载：“居父母丧，截发，青黛涂面，衣服皆黑，既葬即吉。其赞普死，以人殉葬，衣服珍玩及尝所乘马弓箭之类，皆悉埋之。仍于墓上起大室，立土堆，插杂木为祠祭之所。”从目前发现的吐蕃时代的赞普王陵中可以清晰地看到这种葬制的痕迹。松赞干布的陵墓中就随葬了大量金银珠宝，还有他出征时所用的盔甲、武器，以及纯金制作的骑士和战马等。吐蕃王朝前后，藏族苯教在丧葬中也以马匹作为主要随葬品。据某些学者研究，苯教的丧葬仪式非常烦琐，赞普去世以后，要随葬100匹马或100头牦牛、100只山羊、100只绵羊，经过多次持续不断的诵经后再实行火化。

四、马俑葬

不以真马而是用马的模型来殉葬的丧仪就是马俑葬。

商代墓葬的殉葬方式主要是马葬和车马葬，但是也有不以真马殉葬的，不过这种情况仅发生在女性墓葬中。殷墟妇好墓中发现的随葬品包含大量玉器制品，其中有若干件动物雕像，如马、牛、羊、虎、豹等。其中的玉马造型逼真，玲珑剔透，展现出极高的工艺水平。妇好墓出土的玉马等动物雕像，就是用雕塑品来取代动物进行殉葬的。

商代以后，又出现了铜制、铁制、泥制、木制、陶制等形式的马模型，用作随葬品。尤其是在秦始皇陵墓中，马俑葬有着突出的表现，如用铜车马代替了真车马，用马俑代替了真马，用骑兵俑代替了真人真马等。

1978年夏天，考古人员在秦始皇陵现封土西侧20米左右的位置，通过钻探的方式发现了铜车马坑位。坑的平面呈“巾”字形，总面积为3025平方米。1980年12月，考古人员开始对铜车马坑进行局部发掘，发现两乘大型彩绘铜车马，也就是秦陵一号铜车马和二号铜车马。两乘铜车马均面向西方，一前一后纵向放置在一个长方盒形的木椁中。因为木椁腐朽，坑顶塌陷，两乘铜车马遭到毁坏，铜马腿被压断。经过考古人员的精心修复，已经复原。这两件铜车马均仿照真车马制造，其大小为真车真马的1/2。一号车为立车，即立乘的前导车。长为2.25米，高为1.52米。单辕，双轭，驾四马，即两骖两服。车舆呈长方形，车上置一圆形铜伞，伞下立一御马官俑，双手执辔。舆内有铜方壶、弓、弩、镞、盾等。4匹铜马全部用金银络头装饰。鞍具上有编号文字 29 处，共 49 字，均为小篆。二号车为安车，车身全长为 3.28 米，高 1.04 米，总重量 1800 公斤。车厢呈凸字形，分前后两室，前室为驾驶室，内有一跽坐的御马官俑，腰际佩剑，双手执辔，目光前视。后室为乘主坐席。车厢上有椭圆形车盖，车门是从后部打开的，车也是单辕双轮，前驾 4 匹铜马。铜车马整体用青铜铸造，共有 3400 多个零部件，车马上竹、木、丝、革等质料的部位，也全部用金属逼真地仿制出来。车马通体施以彩绘变体龙凤纹、云气纹、菱形纹等图案，线条流畅，极富立体感，犹如镶嵌一般，将车装点得富丽堂皇、华贵典雅。

秦始皇陵铜车马显然属于车俑和马俑的范畴，是具有代表性的俑葬。不过，最典型的俑葬还是秦始皇陵的兵马俑葬。

公元 1974 年 3 月，陕西省临潼县（现为西安市临潼区）晏寨公社（现为晏寨乡）西杨村的几个村民在打井时，意外发现了几个破碎的陶俑，并挖出一些其他的文物。这很快引起了有关部门的注意。当年 7 月，考古人员开始进行试掘、勘察和钻探，到公元 1975 年上半年，基本完成试掘工作。经过初步调查，考古学家发现这座秦俑坑的规模宏大，面积达 14260 平方米，坑内埋藏陶俑、陶马 6000 多件。这就是一号兵马俑坑。之后，考古人员又在一号兵马俑坑东端北侧、西端北侧、中部北侧相继发现了 3 个兵马俑坑，分别命名为二号、三号、四号兵马俑坑。其中二号兵马俑坑面积约为 6000 平方米，埋藏大型陶俑、陶马 1400 多件。三号兵马俑坑面积为 520 平方米，埋藏战车一乘、陶马 4 匹、卫兵俑 68 个。四号坑没有建成。这几座兵马俑坑被发现以后，对一、二、三号坑的发掘工作一直在进行，其中一号坑已经进行了三次大规模的发掘，二号坑进行了两次正式发掘，目前三号坑已经发掘完毕。

从当前发掘的结果来看，关于马和马车的遗物是十分丰富的。据研究人员推算，三座兵马俑坑中共有陶俑7000多件，战车130乘，驾车的陶马500多匹，骑兵的鞍马116匹。秦始皇陵兵马俑的发现，震惊了全世界，被誉为世界第八大奇迹。

兵马俑坑是秦始皇陵的陪葬坑，是整个秦始皇陵园建筑的组成部分。已发掘的一、二、三号兵马俑坑与未建成的四号坑按照古代军阵的排列方式布局，一号坑为右军，二号坑为左军，未建成的四号坑为拟议中的中军，三号坑为指挥部，四座俑坑共同组成了一个完整的军阵编列体系。这组兵马俑军阵坐落在秦始皇陵的东侧，是秦始皇生前守卫都城的戍卫军的象征。

秦代以后，墓葬中很少见到真马陪葬，用马俑陪葬的丧制不断沿袭下去。陕西咸阳杨家湾汉墓，据推测是西汉名将周亚夫的陵墓，墓的陪葬坑内发掘出兵马俑2548件。1984年在江苏徐州狮子山汉墓中发掘出彩绘兵马俑4000多件。

第三节　马与文学艺术

历代文艺都将马作为重要的表现对象。几千年以来，人们用文学、绘画、雕塑等多种艺术形式来表达对马的喜爱和赞美之情，并且通过马来展示内心的情怀，以至反映社会现实。马文艺在中国传统文化中不断发展绵延，最终形成了多维度、多层次的文化内涵。

一、文学长廊里的马

我国古代文学历史悠久，源远流长。从上古时期的神话传说，到先秦时代的《诗经》《楚辞》，从汉代的赋、乐府民歌，到唐宋诗词、元代散曲、明清小说，以马为主题的作品层出不穷，且涌现出许多辉煌之作。

我国最早的诗歌总集《诗经》中有不少关于马的描绘，其中对马的毛色、神态和佩饰等描写十分细腻，表现了人们对马匹的喜爱之情。先秦散文中有一些借马喻人喻事的篇章，良马是人才的象征，而善于相马的伯乐则代表着知人善任的明君。《战国策·楚策四》中有一则良马遇伯乐的故事：1 匹千里马驾着装盐的车爬太行山，痛苦劳累，不堪重负，此时伯乐遇到了它。伯乐从车上跳下来，抱着千里马流眼泪，并脱下衣服盖在千里马身上。千里马低头打了个响鼻，然后昂头高声嘶鸣，鸣声直冲云霄，就像金石声一样响亮。千里马因遇知己而感慨长鸣，犹如贤臣遇见明主。此后，千里马和伯乐的故事世代流传，成为有识之士希冀君王重用的代名词。

屈原的作品常用骐骥形象抒发胸怀，如《离骚》说“乘骐骥以驰骋兮，来吾道夫先路”，表达了诗人效忠君王、报效国家的崇高理想；《九章·怀沙》云“伯乐既没，骥焉程兮”，流露出诗人怀才不遇的苦闷。

《庄子·外篇·知北游》中写道：“人生天地之间，若白驹之过隙，忽然而已。”这里用白驹过隙来形容人生短暂。《庄子·外篇·马蹄》：“喜则交颈相靡，怒则分背相踶。”借助马的本性，提出返归自然的主张。荀子曾以驽马劝学：“骐骥一跃，不能十步；驽马十驾，功在不舍。”虽然先天条件不太理想，但只要坚持不懈，总有一天会有所成就。

汉代武帝尤爱骏马，曾为获得大宛马发动战争，得到好马后作《天马歌》来表达志得意满之情。汉赋中有不少描写车马的篇章，如司马相如的《上林赋》等。历代诗歌中常用马的形象表现战争苦难或者社会现实，抒发诗人的个人情怀。汉代乐府民歌《战城南》中有“枭骑战斗死，驽马徘徊鸣”，借驽马刻画了战场荒凉悲惨的气氛，反映了战争的残酷。曹操《却东西门行》云：“戎马不解鞍，铠甲不离傍。冉冉老将至，何时返故乡？”借戎马描写征夫行军之苦，表现征夫思乡之情。《龟虽寿》中有“老骥伏枥，志在千里。烈士暮年，壮心不已”等句，借老骥表现诗人老当益壮、积极进取的精神风貌。曹植《白马篇》中有“白马饰金羁，连翩西北驰。借问谁家子，幽并游侠儿”，借白马抒发了诗人建功立业的渴望和视死如归的雄心壮志。唐诗中马的形象往往与诗人的豪侠之气相结合，看起来气势雄浑，显示出盛唐气象。李白、杜甫等诗坛名家都曾写过咏马诗，还有一些诗人专门创作了以马为题的组诗。卢照邻《紫骝马》：“骝马照金鞍，转战入皋兰。塞门风稍急，长城水正寒。雪暗鸣珂重，山长喷玉难。不辞横绝漠，流血几时干。”诗中描述了战马的勇猛。李白《天马歌》：“天马呼，飞龙趋，目明长庚臆双凫。尾如流星首渴乌，口喷红光汗沟朱。曾陪时龙蹑天衢，羁金络月照皇都。逸气棱棱凌九区，白璧如山谁敢沽。”以天马的神异来比喻自己的卓越才能。杜甫《房兵曹胡马》：“胡马大宛名，锋棱瘦骨成。竹批双耳峻，风入四蹄轻。所向无空阔，真堪托死生。骁腾有如此，万里可横行。”表达了对骏马纵横驰骋、所向无阻的赞美之情，反映了诗人蓬勃向上、锐意进取的精神。李贺曾作马诗二十三首，通过对马的咏叹，抒发了自己的胸怀。如《马诗》其五：“大漠沙如雪，燕山月如钩。何当金络脑，快走踏清秋。”刻画出马轻捷矫健的风姿，表达了诗人渴望建功立业的远大志向。《马诗》其六：“饥卧骨查牙，粗毛刺破花。鬣焦珠色落，发断锯长麻。”描绘了良马受折磨后的形象，抒发了诗人对人才遭受摧残的愤懑之情。

宋元明清几代文学中，也有许多借马抒怀的名作。陆游《十一月十四日风雨大作》中有“夜阑卧听风吹雨，铁马冰河入梦来”，辛弃疾《永遇乐·京口北固亭怀古》中有“想当年，金戈铁马，气吞万里如虎”，这里的“铁马”都是作者报国之志的象征。黄庭坚的《过平舆怀李子先时在并州》:“世上岂无千里马，人中难得九方皋!”表达了诗人对人才埋没的愤恨之情。发出这种呐喊的在元明清时期都不乏其人，其中广为人知的恐怕是晚清的龚自珍，他在《己亥杂诗·九州生气恃风雷》中写道:“九州生气恃风雷，万马齐喑究可哀。我劝天公重抖擞，不拘一格降人才。”

古代文学中的马，极大地丰富了中国文学的形象画廊。以马喻人，借马论事，托马言志，成为中国文学的一个重要传统，对后世作家产生了深远影响。同时，文学长廊里的马形象也拓展了马文化的范围，为马文化增添了一抹亮丽的光彩。

知识链接

千金买骨

《战国策》中有一则“千金买骨”的故事，借助了千里马传达爱才的思想。这则故事说的是燕昭王亟待招贤纳士，但是在相当长的一段时间内都收效甚微。郭隗就给燕昭王讲了下面这个故事:古代的一位君王用千斤黄金找寻千里马，找了三年也没能得到。有一名内侍听后说:“臣愿意去找。”那位君王就派他去了。三个月后找到1匹千里马，可是马已经死了，内侍就用500斤黄金购买了它的尸骨，向君王复命。君王大怒说:“寡人要找的是活马，要死马有什么用?”内侍回答说:“死马尚且用500斤黄金来买，何况活马?天下人听了一定会认为您诚心买马，很快就能购买到千里马了。”果然不到一年，就先后有人为君王献上了3匹千里马。郭隗讲完故事以后，接着说:“现在大王您想要招贤纳士，却没有贤士前来。您不妨把我当作那匹死的千里马，给我高官厚禄。外面的人听说连我这样才能不高的人都能在您这里得到重用，真正的贤士就会闻声来了。”燕昭王便任命郭隗为重臣，并筑起“千金台”表示自己招揽贤士的决心。没有几年，天下贤士就云集燕国，燕国也因此强大起来。

二、美不胜收的马画

古代以马为内容的绘画作品十分丰富，可谓是数不胜数。据说早在远古时代和夏商周时期，就已经有了马图。我国各地发现的以马为主题的原始岩画，当是先民最早的画马作品。甲骨文中的“马”字，形态如真马，即由图画演变而来。春秋战国时期，画马已经相当常见。《韩非子·外储说左上》:“客有为齐王画者，齐王问曰:‘画孰最难者?’曰:‘犬马最难。’‘孰易者?’曰:‘鬼魅最易。’夫犬马，人所知也，旦暮罄于前，不可类之，故难。鬼魅，无形者，不罄于前，故易之为。”从中可以看出，马已经成为当时绘画的一个重要内容。战国至秦汉时期，常在瓦当上绘制马的图案。故宫博物院收藏的西汉“甲天下”瓦当，瓦当面上部有一马一鹿图案，左右并列。陕西省博物馆藏有一块秦代狩猎纹画像砖，上面刻有宴享、狩猎等情景。其中狩猎画面上猎手骑马奔腾，拈弓射箭，猎犬紧追，小鹿惊逃，极具情趣。

汉代画像石中也有不少马的形象，最常见的是扶桑树下系马图像。如山东微山两城出土的画像石中，扶桑树上有金乌，右系一马。山东嘉祥武氏祠画像石中，扶桑树下系二马。马的形象也多见于汉代壁画。在内蒙古呼和浩特和林格尔县出土的东汉墓壁画，是目前所知面积最大、内容最丰富的汉墓壁画。该壁画由50多幅画面组成，其中《汉使持节护乌桓校尉出行图》有马百余匹，分为乘马、驾马和猎马三类，马的神态逼真，各具风姿，乘马轻捷，驾马沉稳，猎马腾跃。《牧马图》中的马也画得十分漂亮，肥壮而雄健，有的扬蹄飞奔，有的昂首挺立。汉代画像石中还绘有战马形象。河南新郑出土的画像石上有一幅战争图像，表现的是骑马作战和驾车作战的场景。另有一幅战斗图，主要描绘的是胡人骑兵，四名骑兵驱马奔向同一方向，可能表现的是胡汉交战的内容。

魏晋南北朝时期，画马技法继续发展。北齐时出现了一位画马高手——杨子华，被誉为“画圣”，所画之马生动逼真，据说他曾在墙壁上画马，马在夜里“啼啮长鸣，如索水草”。杨子华的艺术成就，深受唐人们的推崇。

到了唐代，以马为题材的绘画作品更为丰富，涌现出许多绘马大师，如王弘、曹霸、韩幹、韦偃等，其中以曹霸和韩幹最有名气。曹霸、韩幹都生活在唐玄宗时期，二人是师徒关系，杜甫曾在《丹青引·赠曹将军霸》一诗中，对两人的画马艺术进行高度评价：“斯须九重真龙出，一洗万古凡马空。玉花却在御榻上，榻上庭前屹相向。”“弟子韩幹早入室，亦能画马穷殊相。幹惟画肉不画骨，忍使骅骝气凋丧。”韩幹画马，在继承前人成果的基础上，更加注重写生。据说，他每次画马之前都要先“考时日、面方位”，然后才“定形骨、毛色”。他笔下的马往往剽悍而富有神采，如代表作《牧马图》，细腻地刻画出骏马的体态神情，看起来十分逼真；又如《照夜白图》，描绘的是一匹白色御马，此马膘肥体壮，四蹄腾骧，昂首嘶鸣，极有活力。韩幹的画马成就很高，后世论马画者常常把他作为参照，在民间还流行着“马即韩幹”的谚语，足见其影响之广。

唐末五代至宋朝初年，画家常常将番马作为绘画的主要内容。据北宋《宣和画谱》记载，当时有名气的番马画家有胡瓌、胡虔、李赞华、王仁寿等，其中最著名的当属胡瓌、胡虔父子，他们都是契丹族画家。胡瓌所画番马骨骼体形生动有神，呼之欲出。其代表作是《卓歇图》，现藏于北京故宫博物院。这幅画卷描绘的是契丹贵族狩猎歇息时的宴饮场面。在画面中，帐幕在后，主要人物席地而坐，旁边有侍女和舞乐者，再远处有大约 20 匹骏马，不管是人物还是马匹，都刻画得真实生动，体现了画家精湛的绘画技巧。

契丹人的绘画多发现于辽代墓葬，如内蒙古库仑一号辽墓出土有引马图，克什克腾旗二八地一号辽墓中出土有契丹草原放牧图等。

金代精于绘马的画家有赵霖、张瑀等。赵霖有《昭陵六骏图》传世，此图根据唐太宗昭陵六骏石刻绘成，是难得的珍品。画面上，6匹骏马神态各异，轩昂雄健，或奔驰，或腾跃，或徐行，或伫立，刻画得十分传神。张瑀作有《文姬归汉图》，描绘了蔡文姬从漠北回到中原的场景。画面分为三段，前段画一骑马武士，肩扛圆月旗，斜侧有一马驹紧紧相随；中段是头戴貂冠、身穿胡服、骑着骏马的蔡文姬，身前有两人挽缰，身后是护送的官员和侍从；后段画一人驾鹰携犬，快马追从。全画动感很强，人骑错落有致，真切地描绘了文姬归汉长途跋涉的气氛，使塞北风光尽现纸上。

宋代画马名家有李公麟，他也是人物画家的杰出代表，被时人推为“宋画中第一人”。李公麟绘画注重临摹，同时强调写生，而且勇于创新。在绘画技法上，他以“白描”闻名于世，有“白描圣手”之誉。李公麟每次画马时，为了能够细腻地刻画出马的形态、神情，都要认真地对马匹进行观察。其所绘之马，形神兼备，栩栩如生。《五马图》是李公麟写生创作的一幅名画。此画以白描手法描绘了五匹西域进贡给北宋朝廷的骏马。画面上，五匹骏马分别由一名奚官牵引，骏马的毛色和状貌各不相同，有的静止不动，有的缓步而行，但都性情温顺。人和马均用单线勾出，比例精当，动作生动。元人赵孟頫和任仁发也有着高超的画马技巧。赵孟頫是元代初期最有影响力的画家，开创了元代新画风，被誉为“元人冠冕”。他笔下的鞍马人物在画法上多采用工整着色的方法。《秋郊饮马图》是其鞍马人物题材的杰出作品。这幅画描绘的是江南初秋策马放牧的景象，画面中，牧人手持马鞭，赶着十匹马在河边饮水，马的造型生动，形态各异，或俯首就饮，或缓步徐行，或奔腾嬉戏，或引颈长鸣，好不热闹。任仁发也是元代初期的画家，擅长画人物和花鸟，尤其精于画马。《二马图》

是其流传至今的代表作，以写实和白描的手法描绘了一肥一瘦二匹马。画中右边是1匹棕白相间的花马，神采焕发，健壮欲奔；左边是一匹棕色马，瘦骨嶙峋，步履蹒跚，看起来疲惫不堪。两马的形象生动传神，形成强烈反差。任仁发的儿子任贤才也善于绘画，英国剑桥一位收藏家藏有一幅《奔马图》，据考证就是任贤才的作品。任仁发的另一个儿子任贤佐，绘有《人马图》《三骏图》，这两幅作品均收藏在北京故宫博物院。唐代到元代，是我国马画的鼎盛期。明清时期，虽然也涌现出不少画马名家，如明代的陈宣、韩秀实、张穆之等，清代的尹少泉、王致诚、沈昂等，但是他们的绘画成就都未能超越前代。直到现代，徐悲鸿的出现，才又将马画提高到一个新的高度。

总结来说，我国绘画自产生以来，就将“马”作为重要的表现对象。历代画家满怀热情，绘制出无数姿态各异的马形象，若是认真进行搜集，真可以编写成一部丰富多彩、生动有趣的画马史了。

三、千姿百态马雕塑

我国古往今来的雕塑作品中，也常常将马作为表现内容。马的雕塑可谓千姿百态，不计其数。

早在商周时期，就已经有了马纹短剑等金属圆雕。河北平泉发现的马纹短剑等文物，除了表面圆雕动物头像外，动物的鼻孔和眼睛均雕成环形。陕西眉县出土的西周青铜酒器《盠驹尊》，也是一件造型小巧、生动活泼的雕塑品。在早期的青铜器物上，多铸有马、兔、虎等常见动物形象。如内蒙古宁城县南山根遗址发掘的一个铜环，外表面雕有两个骑马人追逐野兔的形象。

春秋战国时期，雕塑工艺更进一步，马似乎应当在雕塑作品中得到更充分的表现，但是在汉族地区出土的文物中并未发现这一时期的马雕塑。

反而在西北少数民族地区出土不少动物雕塑，如内蒙古鄂尔多斯杭锦旗、呼和浩特土默特左旗等地发现有完整的马、羊、鹿等雕塑品，栩栩如生、优美动人，可见马雕塑在当时的匈奴等少数民族中颇为流行。

到了秦汉，雕塑技艺获得长足发展，雕塑已经相当成熟，秦始皇陵兵马俑、汉代石刻造像和青铜造像、汉代画像砖和画像石等都是杰出的雕塑艺术品。

秦始皇陵出土的马俑，形体高大，犹如真马。在此之前发现的陶俑随葬品往往体形较小，像秦俑这样与现实生活中的真人真马一样大小的陶俑实属罕见。体形小的陶俑塑造起来相对容易，而体形大的陶俑对工艺有着严格要求。像秦始皇陵兵马俑坑中发掘的这些高大的陶马，若不是有着高超的雕塑技术是根本塑造不出来的。

马俑的制作注重写实，马俑造型准确，身体比例适当，面容各不相同。雕塑不仅注重写实，还普遍应用夸张和细节刻画等手法，表现马的形神特征，尤其是一些细部动作和姿态。如着重刻画马蓄势欲动的神态，有的张口嘶鸣，有的昂首扬尾，有的双耳竖立，而那专注的眼神，宽阔的前胸，坚实的筋肉，健壮的四肢，都给人以奋蹄欲奔、驰骋沙场的感觉。这些马俑气势威武，反映出秦国的强盛气象，表现了当时马雕塑的辉煌成就，对后世马雕塑具有深远的影响。

汉代石刻造像在我国雕塑史上占据重要地位，其中霍去病墓前的石刻马最引人注目。

霍去病是西汉时期的名将，曾多次率兵重创匈奴，为当时中原地区的安定发展做出了重大贡献。汉武帝为了表彰他的功绩，在他生前先后封他为骠骑将军、冠军侯，又在他死后为他建造陵墓，命人雕刻巨型石人石兽置于墓前，以示荣耀。霍去病墓前共有 16 件石雕，均由秦岭山区高硬度的花岗岩雕成，其中有马雕三件，分别命名“卧马”“马踏匈奴”“跃马”。

这三件马雕都是纪念碑式的雕刻，其中“马踏匈奴”的纪念意义更明显。工匠将一块巨岩雕刻成一匹昂首挺立、体格健壮、庄严稳重的战马，在马的肚腹下方有一个仰卧的匈奴，面目狰狞，做垂死挣扎状。胜利者的雄姿和战败者的狼狈形成鲜明对照，展示出一代名将捍卫国家的伟大形象。

汉代马雕塑中还有一类青铜马。甘肃武威雷台汉墓中曾出土几十匹铜马，或用于驾车，或用于骑乘。这些铜马均昂首挺身，张口啮衔，显得生机勃勃。其中，令人叹为观止的要数那匹足踏飞燕的铜奔马。

马踏飞燕雕像

踏飞燕铜奔马是东汉青铜艺术的精品之作，是国家级的宝物。马造型生动精美，做飞驰状，四蹄翻腾，张口嘶鸣。它的右后蹄踏在一只疾速飞行的燕子背上。那燕子突然被踏中脊背，便惊讶地回头观望，想要弄清发生了什么事。而那奔马也微微偏头，似乎也想搞清状况。制作者将奔马与飞燕瞬间的动作、神态刻画得活灵活现，用衬托的手法来表现骏马的神速，可见其工艺技术之高深。

汉代画像砖和画像石是我国古代著名的浮雕艺术作品。出土的汉代画像砖中，有不少以马为题材的作品。画像石上也有许多马的形象，如四川绵阳出土有《仙人牵翼马》，采用写实的手法刻马，造型精致，颇具意匠。

唐代时，我国雕塑艺术发展达到高峰，浮雕技艺得到进一步发展，出现了著名的“昭陵六骏”浮雕。

昭陵是唐太宗李世民的陵墓，六骏是位于昭陵前的六块骏马石刻。这六匹骏马都是李世民生前所骑乘战马，名为“飒露紫”“卷毛䯄（guā）”“白蹄乌”“特勤骠”“什伐赤”“青骓”它们均呈长方形，分两组陈列，大小相同，酷似真马，背靠后檐墙而立。昭陵六骏姿态各异，有的直立，有的缓行，有的疾驰，身体上中箭部位的箭数清晰分明，以显示其战功。六匹骏马都有自己的参战故事，其中以飒露紫功绩最高，因此将它列为六骏之首，对它的雕刻最为精美。

飒露紫身体呈纯紫色，前胸中一箭。据记载，它是在李世民东征洛阳，铲平王世充势力时负伤的。飒露紫石刻展现的是将领丘行恭为它拔箭的情景。它的头部下垂，贴近丘行恭，三腿直立，右后腿微屈，眼神低沉，好像在忍受拔箭的痛楚。这块石刻，不仅刻画出战马高大壮健的身姿，而且表现出当时战马的装饰，如马鬃剪成“三花”形式，臀部有饰条，马尾结成团束等，为我们了解唐代的马饰提供了实证。

特勤骠等浮雕马也刻画得真实生动，全都筋健膘肥，硕壮有力，充满活力。昭陵六骏的制作者，以高浮雕的手法对马的形象进行细致刻画，马的半面突出，细节部分几于镂雕，高肉突出，从而使马形神兼备，活灵活现。艺术上的伟大成功，使昭陵六骏成为古今中外闻名于世的艺术珍品。

知识链接

古代十大名马

我国古代有十大名马，分别是赤兔马、的卢、乌骓、飒露紫、绝影、黄骠马、照夜玉狮子、爪黄飞电、特勤骠和盗骊。

这其中，赤兔马是三国时期吕布的坐骑，据说它是一匹汗血宝马，可日行千里，夜走八百。的卢是三国时期刘备的坐骑，此马奔跑速度飞快，曾驮着刘备跃过数丈宽的檀溪，使刘备免于危难。乌骓是楚霸王项羽的战马，跟随项羽四处征战，据说项羽自刎乌江时，它也跳江而死。绝影是曹操的坐骑，传说是大宛良马，身中三箭仍奔驰如飞。黄骠马是唐代名将秦琼的爱驹。照夜玉狮子也叫玉兰白龙驹，是三国时期赵云的坐骑，此马通体雪白，夜晚身上会散发银白光。爪黄飞电是曹操的战马，高大威武，气质不凡，曹操每次凯旋都会骑着它。盗骊据说是周穆王八骏之一。

第三节　马和娱乐活动

马在古人的生活中有着多方面的作用，不仅是生产、运输、狩猎时的得力助手，而且在娱乐活动中占据一席之地。古代与马有关的娱乐活动，主要有马戏、赛马、马球、走马灯、舞马等，可谓不胜枚举。

一、马　戏

马戏是我国传统技艺之一，在古代专指马上的各种技艺和驯马表演。

马戏的历史十分悠久，据考证，大约起源于夏商时期。汉代时，马戏得到进一步发展，“马戏”一词被单独列出，桓宽《盐铁论·散不足》:“五色绣衣，戏弄蒲人杂妇，百兽，马戏斗虎。”说明马戏在当时的娱乐活动中占据重要地位。张衡的《西京赋》对当时马戏的表演场面进行了生动描述，文中写道:“百马同辔，骋足并驰，橦寻之技，态不可弥。”“橦寻”是头顶长竿的意思。在车上竖立一根竿子，使人爬上竿头做倒挂或燕子戏水的表演，而车子在马匹的牵拉下飞奔驰骋，这种表演的难度是相当大的。

汉代的马戏表演场面也可以在汉墓画像砖或汉墓壁画上看到。在河南新野县出土的汉墓画像砖上，刻画的马戏动作十分惊险复杂。画像展示的是一场戏车和履索的综合表演。画面上有一列骑射和戏车边行进边表演的杂技队伍。两辆马车上分别立有一竿，车厢内各乘两人，一个是驭手，一个是乘伎。前一辆车的竿头缚一横木，横木右端倒挂一个伎人，两臂平伸，掌心向上，手中分别放一拳头大小的圆球。倒挂伎人的两手上分别托着一个伎人，左手上的伎人单脚站立在圆球上，两臂平举，手中各托弄一丸，做凝目会神状；右手上的伎人双手叉腰半蹲在圆球上，神态悠然。后一辆车的竿上蹲着一个伎人，两臂向下斜垂，左手挽住一条绳索的上端，绳索的下端牵在前一辆车伎人的手中，两人面对面注视着绳索。令人惊叹的是，绳索上面竟有一个上身袒露、下着宽腿裤的伎人在行走。绳索纤细而倾斜，使人在索上行走，难度之大可想而知。在辽宁辽阳棒台子汉墓彩绘壁画上，可以看到女伎人立在马背驱马表演的景象。

魏晋南北朝时期，马戏的技巧有了新的发展，表演的动作更为复杂。当时北方地区盛行一种名为“猿骑”的马戏节目，这种马戏由演员化装为猿猴，在马上做各种表演动作。晋代陆翙《邺中记》载：“又衣伎儿作猕猴之形走马上，或在胁，或在马头，或在马尾，马走如故，名为猿骑。”

到了唐代，由于经济繁荣，国力强盛，人们更加注重娱乐享受，马戏也更为流行。这一时期，马戏的技巧得到进一步提高。相传唐玄宗李隆基非常喜爱马戏，曾在宫内训练御马进行表演。他专门命人制造大床，让上百匹装饰华丽的马在床上随着音乐节拍起舞，即所谓的“舞马”。马戏中还有一人倒立于马，脚上蹬竿，竿上又倒立一人等高难度惊险动作。唐玄宗组织的马戏表演队伍，可以视为马戏团的雏形。

宋代时，马戏技艺更加成熟，已经发展为成套节目的表演。这时的马戏形式多样多样，除了“倒立”之外，还有“镫里藏身”、马上耍大刀等节目。《东京梦华录》中详细描绘了宋代的马戏表演情况："先一人空手出马，谓之'引马'。次一人磨旗出马，谓之'开道旗'。次有马上抱红绣之球，击以红锦索，掷下于地上，数骑追逐射之，左曰'仰手射'，右曰'合手射'，谓之'拖绣球'。又以柳枝插于地，数骑以划子箭，或弓或弩射之，谓之蜡柳枝，又有以十余小旗，遍装轮上而背之出马，谓之'旋风旗'。又有执旗挺立鞍上，谓之'立马'。或以身下马，以手攀鞍而复上，谓之'骗马'。或用手握定镫裤，以身从后秋来往，谓之'跳马'。忽以身离鞍，屈右脚挂马鬃，左脚在镫，左手把鬃谓之'献鞍'，又曰'弃鬃背坐'。或以两手握镫裤，以肩著鞍桥，双脚直上，谓之'倒立'。忽掷脚著地，倒拖顺马而走，复跳上马，谓之'拖马'。或留左脚著镫，右脚出镫，离鞍横身，在鞍一边，右手捉鞍，左手把鬃存身，直一脚顺马而走，谓之'飞仙膊马'。又存身拳曲在鞍一边，谓之'镫里藏身'。或右臂挟鞍，足著地顺马而走，谓之'赶马'。或出一镫，坠身着秋，以手向下绰地，谓之'绰尘'。或放令马先走，以身追及，握马尾而上，谓之'豹子马'。"可见宋代马戏表演阵容之庞大，内容之丰富。

元代以后，随着北方骑术在全国的广泛传播，马戏技艺进一步提高，马戏表演规模也有所扩大。到了清代，马戏普遍流行于民间，在乡镇、农村常常可以看到马戏团的表演。当时的马戏表演队伍，大的叫作团，小的称为班，他们闯荡江湖，跑马卖艺。晚清小说《孽海花》中就有关于走马卖艺的描述："在两条绳上，串出种种把戏，有时疾走，有时缓行，有时似穿花蝴蝶，有时似倒挂鹦哥；一会竖蜻蜓，一会翻筋斗……"

现在，马戏团除了保留许多传统节目外，还增添了不少新的表演项目，如独站双马、马钻火圈、马下插旗等。此外，马戏的含义也发生了明显变化，由原来单一的马上技艺表演，发展为各种驯兽参加的各种杂技的统称。但不管怎样，马戏都是深受广大群众欢迎的传统技艺表演。

舞　马

舞马，是指令马按节拍舞蹈，也指会舞蹈的骏马。舞马在唐代以前就已存在，据记载，汉魏时期，曹植曾得到 1 匹来自大宛国的骏马，对马加以训练后，马就能舞蹈，于是将马献给了曹操。

唐代盛行舞马，皇帝往往命人选出优良的马种送进宫内调教，以在节日和招待外宾时进行表演。玄宗时期，宫廷舞马活动极盛，驯养了几百匹良马，让它们应着音乐，表演各种舞蹈节目。“安史之乱”爆发后，长安沦陷，玄宗携杨贵妃出逃，这些能够舞蹈的骏马或沦落民间，或被安禄山掳回范阳。安禄山败亡后，他手中的舞马转归大将田承嗣所有，但田承嗣却将这些舞马当作普通的战马饲养。据说有一天，军中举行宴会，奏起鼓乐，这些舞马听到曲调，竟然习惯性地随着节拍跳起舞来。田承嗣没见过舞马，以为是马怪，就命士兵将它们全部打死了。从此，舞马逐渐销声匿迹。

二、马　球

马球是古代社会十分流行的一种娱乐活动。由于它是一项骑在马上用杖击球的运动，所以又称为击球、击鞠。

马球发源于古波斯（今伊朗），据说在公元前 2000 年就已经出现了，后来经阿拉伯传入吐蕃（今西藏），然后再传入我国中原地区。马球传入中原的具体时间尚无确切史料，不过从曹植所写《名都篇》中“连翩击鞠壤，巧捷唯万端”两句可以看出，至少在汉魏时期就有马球这项活动了。

现在，我们所掌握的关于马球的资料主要是唐代的。

中唐《封氏闻见记》记载：“太宗常御安福门，谓侍臣曰：‘闻西蕃大好为打球，比令亦习，曾一度观之。'”唐太宗下令习打马球，首开唐代打球风气，标志着唐代马球运动的兴起。《资治通鉴》记载，唐中宗好击球，“由此，通俗相尚”。在皇帝的倡导下，马球逐渐兴盛，成为皇室贵族、文武百官和民间百姓喜爱的运动形式。

唐代皇帝大多酷爱打马球，有的球技还很高超，比如唐玄宗李隆基。《封氏闻见记》中记载了一场吐蕃队和唐朝宫廷队的马球赛："景云中，吐蕃遣使迎金城公主，中宗于梨园亭子赐观打球。吐蕃赞咄奏言：'臣部曲有善球者，请与汉敌。'上令杖内试之，决数都，吐蕃皆胜。”唐朝宫廷队输了以后，唐中宗李显十分生气，于是命临淄王李隆基、嗣虢王李邕、驸马杨慎交、武延秀四人与吐蕃队比赛，最后临淄王等人战胜了吐蕃。李隆基即位后，仍然热衷于打球，并将这一爱好坚持到晚年。宋代晁说之《题明王打球图》诗说："阊阖千门万户开，三郎沉醉打球回。九龄已老韩休死，无复明朝谏疏来。”

唐代马球的盛况可以在出土文物和文献记载中窥见一斑。公元1971年，在陕西咸阳乾县唐章怀太子李贤墓中发现了一幅《马球图》，图上共有20多名骑马击球者。骑手们穿着不同颜色的服饰，头戴幞巾，脚蹬黑靴，其中以前面5名骑手击球的场面最为精彩。图中的5名骑手正在奋力夺球，跑在最前面的是一名骑枣红马的骑手，只见他扬起球杆，侧身向后击球，身手十分矫捷。球在场上滚动起来，后面的几名骑手竞相争抢。整幅图气势宏伟，生动表现了唐代贵族马球活动的场景。公元1981年，陕西西安出土的两件彩绘打马球俑，也说明马球在唐代十分流行：两名骑手头扎幞头，伏身马背，双膝紧夹马身，左手持缰，右手似挥球杖，做打马球状。唐代文人中进士后，往往要到月登阁去打马球。据五代王定保《唐摭言》记载，唐僖宗乾符四年（公元877年），刘覃等新科进士去参加月灯阁球会，当时，左右神策军的打球军将正在球场比赛，看到刘覃等人前来，并未让出球场。为了挫败神策军的傲气，刘覃便决定与他们一较高下。他跃马击球，快如电掣，球技非凡，最终击败那些骄傲的打球军将，使他们惭愧而去。在唐朝，就连闺阁女子也喜欢打马球。故宫博物院收藏着一面唐代击球图铜镜，上面刻着 4 个骑马打球的女子形象，只见她们骑着飞奔的骏马，手持球杖，姿态英武。

唐以后至宋、辽、金时期，打马球仍较为流行，是契丹、女真、蒙古等民族喜爱的体育活动之一。尤其是蒙古族，打球之风兴盛。《蒙鞑备录》中说，蒙古人“击鞠止是二十来骑，不多用马者，尔恶其哄闹也”元代建立后，马球仍是蒙古人喜欢的活动。元熊梦祥《析津志·风俗》中写道：“击球者，今之故典。而我朝演武亦自不废。常于五月五日、九月九日，太子、诸王于西华门内宽广地位，上召集各衙万户、千户，但怯薛能击球者，咸用上等骏马，系以雉尾、璎珞、萦缀、镜铃、狼尾、安答海，装饰如画。玄其障泥，以两肚带拴束其鞍。先以一马前驰，掷大皮缝软球子于地，群马争骤，各以长藤柄球杖争接之。而球子忽绰在球棒上，随马走如电，而球子终不坠地。力捷而熟娴者，以球子挑剔跳掷于虚空中，而终不离于球杖。马走如飞，然后打入球门中者为胜。当其击球之时，盘屈旋转，倏如流电之过目，观者动心骇志，英锐之气奋然……胜者受上赏，罚不胜者，若纱罗、画扇之属。”

明代时依然有马球运动，朱有燉作诗云：“射柳击球东苑里，流星骏马蹴红尘。”明代以后，中原地区的马球渐渐消失。不过，在少数民族中还保留着打马球的传统，比如蒙古族“那达慕”大会上依然设有打马球项目。

三、赛　马

赛马也称“逐马”“走马”，是古代深受人们喜爱的竞技运动。赛马活动的产生是以远古的游猎活动和骑马文化为基础的。先秦时期，北方的草原地区水草丰茂，适合马匹生长，是游牧民族居住生息的乐土，赛马文化便是从这里发祥壮大。

赛马活动形成于春秋战国，迄今已有 3000 多年的历史，“田忌赛马”的故事在中国流传甚广。到了汉代，赛马活动不仅在民间盛行，还走进宫廷，成为统治阶级热衷的项目。汉武帝就十分喜欢赛马，时常举行赛马活动。在考古发现的诸多汉代画像砖和陶俑中，都能看到赛马形象。魏晋南北朝时期，赛马活动更为兴盛，嘉峪关魏晋墓壁画中的赛马图，就是当时赛马活动的真实反映。唐宋时期，赛马活动也十分流行，赛马形式多样化，不仅有奔腾驰骋的速度比赛，还有精湛高超的马上技艺表演。在宋代东京汴梁，曾有人为皇帝表演立马、跳马、马上倒立等多种马上功夫。

元代时，赛马活动得到新发展，表现出许多游牧民族的特征。元代蒙古族入主中原以前，就已经有走马为乐的活动。成吉思汗还将赛马用于军事训练，把马上运动和兵役相结合，形成一种制度。定鼎大都之后，每年夏季六月，统治集团都要选定吉日，前往上都（元朝陪都，在今内蒙古锡林郭勒正蓝旗）去“诈马”。“诈马”就是赛马，是当时国家级的赛事，一年开展一次，参加赛事的亲王、大臣等盛饰名马，身穿一色的质孙服，手持有铃的彩杖，排着长队向上都出发，进行为时三天的赛马活动。当时，民间也普遍举行赛马活动。明代建立后，每年春季，京城都要举行走马骑射活动，而这一活动自开展以来 600 多年在北京城郊兴盛不衰。

进入清代，赛马活动更加风行，尤其是乾隆年间，修建了许多赛马场。宫廷赛马场一般选择在木兰围场一带，每年秋狝之后，都要进行赛马，声势浩大，蔚为壮观。除了宫廷赛马，北京城内民间也有许多赛马活动，举行的时间不尽相同，如正月赛马主要是在白云观和安定门、德胜门外，二月赛马在太阳宫，三月赛马在蟠桃宫，六月赛马在先农坛，七月赛马在黄寺，八月赛马在广安门外，九月赛马在钓鱼台，十月到十二月由于天气寒冷，赛马活动就停止了。

清代末年，大约在公元1911年，北京城内出现了一种叫“赛马会”的活动。这是西式的赛马，由顺天府划地建造赛马场，场内设施较完备，有看台、票房、彩房、马圈和赛手休息室等。每当场内举行赛马活动，城内赛马爱好者纷纷前往。场内销售赛马彩票，类似现代的赛马博彩。这种“赛马会”活动断断续续持续到民国后期，才逐渐衰退，与之共同消亡的还有那些曾经热闹无比、人来人往的赛马场。

知识链接

田忌赛马

战国时期，齐国大将军田忌很喜欢与人比赛马匹的行驶速度。有一回，他和齐威王比赛。他们把各自的马分成上、中、下三等。比赛的时候，上马对上马，中马对中马，下马对下马。因为齐威王每个等级的马都比田忌的马强得多，所以比赛了几次，田忌都失败了。孙膑作为田忌门下的食客闻知此事，为他献上良策。田忌按照孙膑的计策，再次鼓起勇气和齐威王赛马。第一场比赛田忌先以下等马对齐威王的上等马，结局自然是输。第二场比赛田忌拿上等马对齐威王的中等马，胜了一局。第三场比赛田忌拿中等马对齐威王的下等马，又战胜了一局。结果三局两胜，田忌赢了。“田忌赛马”的故事包含着丰富的人生智慧，一直流传至今。

四、骑竹马和走马灯

在我国传统的民间游戏中，也可以看到马的影子，如骑竹马、走马灯等。中国有个成语叫“青梅竹马”，形容从小就在一起亲密玩耍的伙伴。这里提到的“竹马”指的就是骑竹马。骑竹马是古时儿童常玩的一种游戏，就是将一根竹竿作为马的象征，儿童骑在胯下，一只手握住竿头，让竿尾挨着地面，另一只手抬起，做出扬鞭状，模仿骑马的样子向前奔跑。

骑竹马的游戏最晚在汉代时就已经流行了。《汉书·郭伋传》中就有儿童骑竹马的描述：“有童儿数百，各骑竹马，于道次迎拜。”汉代以后，竹马之戏也很盛行，不少文献都有相关的记载。《后汉书·陶谦传》中说：陶谦以性情不羁闻名县中，14 岁时还骑着竹马游戏，邑中小儿紧随其后。《晋书》中记载：殷浩和桓温小时候经常在一起玩竹马游戏。两人长大以后共同为皇帝效力，因为殷浩的地位比桓温稍微高些，桓温十分嫉妒殷浩。后来殷浩北伐失败，桓温乘机向皇帝说他的坏话。桓温还对别人说：“小时候我和殷浩一起玩竹马，我扔掉的他就捡起来，所以他始终应在我之下。”唐代白居易《赠楚州部使君》诗曰：“笑看儿童骑竹马，醉携宾客上仙舟。”通过上述这些材料，可知古代竹马之戏十分兴盛。直到今天，在我国一些农村地区，还有不少儿童喜欢玩这种游戏。民谚有云：“月光光，秀才郎，骑竹马，下南塘。”

竹马游戏还被引入民间歌舞中。我国不少地区都盛行《竹马灯》《跑竹马》之类的民间歌舞。表演的时候，舞者在腰间系上马形的道具，分马头和马尾两部分，舞者仿佛骑在马上，表演着各种动作，边舞边歌。宋代民间舞队中就已经有了《竹马儿》表演。清代时，每次举行“花会”，都会聚集各种表演队伍，包括武术、杂技、狮子舞、秧歌舞等，还有竹马等民间舞蹈。清代画作《北京走会》图中，形象地再现了北京花会时的各种精彩表演。在“旱船走会”的画面上，有一位女子，腰上系着马头马尾的道具，左手持马鞭，偏头看向右边拿鞭的一个丑角，站在“旱船”后面，准备着上场表演《跑竹马》。清代风俗志书《帝京岁时纪胜》中描述了当时北京元宵节期间“骑竹马”的娱乐场面：“元宵杂戏，剪采为灯……博戏则骑竹马、扑蝴蝶、跳白索、藏朦儿。”“上元，装演大头和尚，扮稻秧歌，九曲黄龙灯，打十不闲，盘杠子，跑竹马，击太平鼓。”到现在，我国一些地区还有跑竹马的歌舞表演。民间庆贺节日时，有“马灯舞”“马灯队”“马社火”等表演。著名的民间舞蹈《跑驴》同《跑竹马》有着密切关系，其舞蹈形式和跑竹马十分类似，是跑竹马的一种变化后的形式。

走马灯也是民间常见的节日娱乐活动。走马灯是灯影戏的一种，通常用秫秸扎成，上面绘制着古代武将骑马的图画。其原理是用烛火推动纸轮，轮上带有剪纸刀马人物，灯转动时看起来就像几个人你追我赶一样，所以得名“走马灯”。

走马灯之戏，在宋代时就已经十分流行，之后一直延续。宋代节日灯会上有形形色色的彩灯，其中就有用色纸剪刻扎制的走马灯。范成大《上元纪吴中节物俳谐体三十二韵》曰：“映光鱼隐见，转影骑纵横。”自注：“马骑灯。”宋代的走马灯，是用燃气轮转动的原理制成的最早的机械式花灯。

元代时，人们除了制作走马灯，还为其添加了一些故事情节。如谢宗可《走马灯》诗：“飙轮拥骑驾炎精，飞绕人间不夜城。风鬣追星来有影，霜蹄逐电去无声。秦军夜溃咸阳城，吴炬宵驰赤壁兵。更忆雕鞍年少日，章台路碎月华明。”

这种灯戏直到清代依然存在，每当节庆之时，供人们赏乐。《燕京岁时记》中说：“走马灯者，剪纸为轮，以烛嘘之，则车驰马骤，团团不休。烛灭则顿止矣。”灯市观灯到了清代末年还很流行，北京的灯市口就是有名的观灯场所。

知识链接

马路的由来

《左传·昭公二十年》：“褚师子申遇公于马路之衢，遂从。”这个马路与现今的马路一词并非同一个意思。“马路”最早是由小碎石铺设的，路中间略高而两边光滑平坦，这样利于雨水流淌到路边，不影响交通。今天的马路起源还要追溯到工业革命时期的英国。

欧洲在工业革命以前，一般道路都是土路，即使在伦敦、巴黎、布鲁塞尔这类欧洲大城市中，最好的道路也是用石子铺成，当时还没有用复杂技术修建的道路。18 世纪末，英国正处于工业革命的热潮之中，工业的发展对交通运输的要求愈来愈高，昔日那种“人走出来的路”，再也不能适应人们的需要了。

当时英国人约翰·麦克亚当（John .Loudon McAdam）设计了新的筑路方法，用碎石铺路，路中偏高，便于排水，路面平坦宽阔。后来，这种路便取其设计人的姓，取名为“马卡丹路”（后将碎石铺的路依 McAdam 发音改称 macadam road 或简称 macadam）。19 世纪末中国的上海、广州、福州等沿海港口开埠，欧美列强在当地建租界，便把西方的马卡丹路修建方法带到了中国。当时中国人便以英语“macadam/马卡丹”的音译作为路的简称，后来俗称“马路”。

参考书目

[1] 郑若葵．交通工具史话［M］．北京：社会科学文献出版社，2012.

[2] 田久川．古代舟车［M］．上海：上海古籍出版社，1996.

[3] 余良明．中国古代车文化［M］．福州：福建教育出版社，2015.

[4] 宋长宏．骐骥驰骋［M］．西安：陕西人民出版社，2008.

[5] 赵云旗．中国古代交通［M］．北京：新华出版社，1993.

[6] 郭物．国之大事：中国古代战车战马［M］．成都：四川人民出版社，2004.

[7] 刘炘．中国马文化·驰骋卷［M］．兰州：甘肃人民美术出版社，2019.

[8] 刘炘．中国马文化·马政卷［M］．兰州：甘肃人民美术出版社，2019.

[9] 刘炘．中国马文化·交流卷［M］．兰州：甘肃人民美术出版社，2019.

[10] 刘炘．中国马文化·驯养卷［M］．兰州：甘肃人民美术出版社，2019.

[11] 李景光．马文化与人生［M］．沈阳：辽宁古籍出版社，1996.

[12] 陆敬严．中国古代兵器［M］．西安：西安交通大学出版社，1993.

[13] 黄凤春、黄婧．楚器名物研究［M］．武汉：湖北教育出版社，2012.

[14] 赵志超．中国人应知的古代军事常识［M］．北京：中华书局，2012.

图片授权

中华图片库
林静文化摄影部

敬　启

本书图片的编选，参阅了一些网站和公共图库。由于联系上的困难，我们与部分入选图片的作者未能取得联系，谨致深深的歉意。敬请图片原作者见到本书后，及时与我们联系，以便我们按国家有关规定支付稿酬并赠送样书。

联系邮箱：932389463@ qq. com